Liv sa pibliye pou bay klas ak timoun nan katriyèm, senkyèm ak sizyèm ane fondamantal sa ki nan laj (9 a 11 zan).

ELÈV
Ane 2

Leson sa yo te tradwi epi adapte pa materyèl orijinal li an anglè pa mwayen travay piblikasyon an aksyon.

Cette edition est publiée par les Ministères de la Formation de Disciples - Région Mésoamérique, Eglise du Nazaréen

Tout a notasyon sa a yo soti nan Bib, Vèsyon Jerizalèm.

© 2017 Dwa rezève respè ak la lwa.

ISBN: 978-1-63580-013-5

Pèsonn pa gen dwa fè kopi liv sa a, sou kèlkeswa fòm nan, san otorizasyon editè yo.

Tradiktè: Dezama Jeudi ak Alexis Sonel

Mise en paj: Bethany Cyr

www.MEDFDIressources.mesoamericaregion.org

discipleship@mesoamericaregion.org

Enprime nan Etazini yo

Tab Matyè

Inite I: POU W KA VIV PI BYEN

Leson 1: Premye Ki Premye A	5
Leson 2: Pisans Pawòl Yo	9
Leson 3: Yon Jou Espesyal	13
Leson 4: Nou Gen Bezwen Paran Nou Yo	17
Leson 5: Kisa W Wè?	21
Leson 6: Mwen Espesyal	23
Leson 7: Si Se Pa Pou Ou, Kite Li!	25
Leson 8: Bay Manti Pote Konsekans	29
Leson 9: Pa Pote Lanvi Sou Sa K' Pa Pou Ou	33

Inite II: BONDYE ANSANM AVÈK OU

Leson 10: Soufrans Jòb	35
Leson 11: Poukisa Jòb Te Soufri?	39
Leson 12: Ki Kote Bondye Te Ye?	43
Leson 13: Li Enpòtan Poun Obeyi Bondye	47

Inite III: YON GWO EVENNMAN

Leson 14: Otorite Jezi A	51
Leson 15: La Priyè: Sous Pisans	55
Leson 16: Jijman Jezi A	59
Leson 17: Lamò Jezi A	63
Leson 18: Jezi Vivan!	67

Inite IV: BONDYE EDE W

Leson 19: Bondye Gen Kontwòl	69
Leson 20: Yon Bon Kòmansman Pou Samson	73
Leson 21: Yon Nonm Ki Gen Anpil Fòs	77
Leson 22: Yon Gwo Pèt	81

Inite V: KREYASYON AN

Leson 23: Gran Kreyatè Nou An	85
Leson 24: Se Pa Yon Kout Chans	89
Leson 25: Nou Espesyal	93
Leson 26: Pyèj Peche A	95
Leson 27: Bondye Te Ban Nou Yon Misyon	99

Inite VI: SE POU NOU VIV TANKOU KRIS

Leson 28 : Yon Vi Ki Diferan	103
Leson 29 : Se Pou Nou Viv Tankou Jezi	107
Leson 30 : Kle A Se Lanmou	111
Leson 31 : Nan Kisa Nou Kwè?	115

Inite VII: SENTESPRI A
Leson 32: Ki Sa Sentespri A Ye? 117
Leson 33: Sentespri Anseye Nou 121
Leson 34: Sentespri A Dirije Nou 125
Leson 35: Lespri Sen An Ban Nou Pisans 129

Inite VIII: LESON SOU TWA WA YO
Leson 36: Izrayèl Gen Yon Wa 131
Leson 37: Wa Dezobeyi 135
Leson 38: Vin Pi Mal Chak Jou Pi Plis 139
Leson 39: Èske Kapab Genyen Yon Wa Ki Bon? 143
Leson 40: Erè Yon Wa Ki Gen Bon Konprann 147

Inite IX: KÒMAN YON MOUN KA VIV ALÈZ
Leson 41: Kijan Mwen Ka Vin Alèz? 151
Leson 42: Viv Alèz La Se…Obeyi Bondye 155
Leson 43: Èske M Dwe Padone? 159
Leson 44: Gen Viktwa Nan Jezi 161

Inite X: VALÈ DANYÈL LA
Leson 45: Defann Sa W Kwè Yo 165
Leson 46: Konfye Nan Bon Konprann Bondye 167
Leson 47: Se Pou Ou Gen Valè Pou W Kapab Onèt 171
Leson 48: Se Pou W Gen Vale Pou W Ka Kanpe Fèm 175

Inite XI: PWOMÈS NOWÈL
Leson 49: Bon Nouvèl Yo 177
Leson 50: Li Bon Pou Yon Moun Rete Tann! 181
Leson 51: Kòman Pou Nou Bay Bon Nouvèl La 185
Leson 52: Yon Gran Vwayaj Pou Al Wè Yon Wa 189
Leson 53: Revizyon Inite XI 191

Leson 1

INITE I — POU W KA VIV PI BYEN

PREMYE KI PREMYE A

Kisa w panse de RÈG YO?

Antoure repons ki defini sa w santi lè w obeyi règ yo.

FACHE

Nou Vle Plis

Mwen Rayi Yo

MAL

Yo Pa Gade M

Yo Bon

DEKOURAJE

Kontan!

Yo Limite Nou

EMOSYONAN!

Yo Nesese

Yo Pa Sevè

JEZI TE CHANJE RÈG YO?

Yon pwofesè la lwa te poze Jezi yon kesyon trè enpòtan. W'ap jwenn kesyon an, repons la ak lòt enfòmasyon enpòtan nan Mak 12:28-34. Li vèsè sa yo epi reponn kesyon sa a yo.

Gwoup A:

Ki kesyon enpòtan pwofesè lalwa a te poze Jezi a?

Dapre Jezi, ki de kòmandman ki pi enpòtan yo?

Ou panse ke de sa yo kapab ranplase dis kòmandman yo?

Gwoup B:

Nan ki fason nou ka renmen Bondye?

Kisa ki pi enpòtan pou Bondye pase ofrann ak sakrifis?

Kòman nou kapab konnen si pwofesè lalwa a te konprann sa Jezi te di l la?

Ki zidòl moun jodi a yo adore?

ZIDOL YO

Règ N°1
Piga nou gen lòt bondye pase mwen menm sèlman *(Egzòd 20:3).*

Règ N°2
Piga nou janm fè okenn estati, ni bagay ki sanble ak yo *(Egzòd 20:4a).*

ÈSKE NOU CHANJE RÈG YO?

Kisa mwen dwe fè?

Ekri yon lèt pou Bondye pou w di l jan w renmen l. di li kisa ou pral fè pou w ba li premyen plas nan lavi ou.

Dye Damou:

> Se pou ou renmen Mèt la, Bondye ou, avèk tout kè ou, avèk tout nanm ou, avèk tout lide ou, avèk tout fòs ou. Men dezyèm kòmandman an. Se pou ou renmen frè parèy ou tankou ou renmen pwòp tèt pa ou. Pa gen lòt kòmandman ki pi enpòtan pase sa yo (Mak 12:30-31).

Leson 2

PISANS PAWÒL YO

Kisa Bib la di osijè de sa mwen di?

Ekstratèrès sa a dwe voye yon repòtaj nan planèt Marsatplutus osijè de fason moun ki abite sou latè yo respekte youn lòt. Li te tande ke gen yon liv ki rele Labib ki anseye ke moun yo dwe respekte pa mwayen pawòl yo. Li vèsè sa a yo, epi ede ekstratèrès la ekri yon repòtaj brèf.

REPÒTAJ POU MARSATPLUTUS

Dat: _____

De: _____
_____

Mesaj:

Matye 5:33-37; 12:35-37; Efez 4:29; Kolosyen 3:8-9.

LA BIB DI . . .

Reponn kesyon yo:

 **Grupo A:** Kisa twazyèm kòmandman di nou sou fason nou dwe respekte Bondye? (Egzòd 20 :70).
Kòman Jwif yo te rele Bondye?
Kisa "Jewova" vle di?

 **Grupo B:** Kisa Jezi te di moun yo sou zafè site non Bondye anven? (Matye 5:33-37; 12:35-37).
Sou ki fòm moun nan tan kounye a yo site non Bondye anven?

 **Grupo C:** Kisa Pòl te di kretyen yo sou fason yo pale? (Efezyen 4:29; Kol 3:8-9).
Nan ki fason moun nan tan jodi a yo itilize pawòl san bay sa valè?

MOVE ITILIZASYON KAPASITE POU PALE

Moun fè diferans avèk lòt bagay Bondye kreye yo paske yo genyen abilite pou yo kominike pa mwayen pawòl yo. Malerezman, anpil moun itilize pawòl yo byen mal ki se yon kado ke Bondye ban nou. Anba w'ap jwenn kèk fason ki pa bon ke moun yo itilize langaj la. Chèche pawòl ki gen rapò ak definisyon yo epi konplete jwèt kastèt la.

 **Orizontal**
1— Bay vye fawouch pou ofanse moun.
3— Bay manti pou sal imaj yon moun.
4— Bay moun move akèy.
5— Pawòl ki di ak entansyon pou fè moun santi yo mal.
8— Vye pawòl gwosye.
9— Gwo kòlè akoz de yon bagay ki mal.

 **Vètikal**
2— Kout lang sou moun.
5— Fè kòlè san kontwòl.
6— Move kòmantè sou lòt moun.
7— Di pawòl sal.

10

Kalifye pawol ou yo!

Lee las frases, y marca la columna que describe la forma de hablar de tus amigos. Luego, con un color diferente, marca la que describe tus hábitos al hablar. ¿En qué área debes mejorar?

	TOUJOU	KÈK FWA	JAMÈ
Ou konn itilize pawòl pou imilye moun.			
Ou konn kritike lòt moun ou menm ansanm ak ti zanmi w yo.			
Ou konn rakonte blag ak istwa ki gen pawòl sal.			
Ou konn di betiz.			
Ou konn pran non Bondye anven.			
Ou konn pale byen de lòt moun.			
Ou konn pale laverite.			

move
mal akèy
vilgè
tripotay
fè kout lang
fè moun fache
mokè
kritik
vilgè
kòlè

11

Lapriyè osijè de pawòl mwen yo

PWOFESÈ A: Papa, nou konnen ou vle pou chita pale nou yo san tach.

ELÈV YO: Ede nou konsève langaj nou yo pwòp.

PWOFESÈ A: Nou konnen w pa vle nou bay manti.

ELÈV YO: Ede nou pou nou toujou di laverite.

PWOFESÈ A: Fè nou sonje ke non ou sen.

ELÈV YO: Ede nou pou n respekte non sakre w la.

PWOFESÈ A: Byen souvan nou tande pawòl ki imilye moun epi nou konnen ki bay anpil moun pwoblèm.

ELÈV YO: Ede nou itilize pawòl nou yo pou n ankouraje lòt yo.

TOUT MOUN ANSANM: Nou vle pale yon fason ki glorifye w.

PWOFESÈ A: Bib la di nou ke nou dwe onore non Bondye.

TOUT MOUN ANSANM: Piga nou sèvi mal ak non Seyè a, Bondye nou an, paske Seyè a pap manke pa pini moun k'ap sèvi mal avèk non li (Egzòd 20:7).

PWOFESÈ A: Pawòl Bondye a di nou se pou n ankouraje lòt yo ak pawòl nou yo.

ELÈV YO: Pa kite okenn move pawòl sòti nan bouch nou. Pale bon koze ki ka ede lòt yo grandi nan konfyans Bondye, koze ki ka ede yo lè yo nan move pa. Konsa se yon byen n'a fè pou moun k'ap tande nou yo (Efezyen 4:29).

TOUT MOUN ANSANM: Bondye, ede nou pou n onore w ak fason n'ap pale. Amèn.

Leson 3

YON JOU ESPESYAL

Imajine w ke ou se yon jounalis nouvèl nan lavil Kapènawòm. Yo chwazi w pou w ekri yon repòtaj sou youn nan tèm yo: Farizyen yo nan chan; disip Jezi yo nan chan; nonm men sèch la; farizyen yo nan sinagòg la; Jezi.

Nòt jounalis
NOUVÈL LAVIL KAPENAWOM NAN

Dat: _____
Zòn: _____
Non jounalis la: _____
Tèm: _____

Kisa w fè nan jou seyè a?

Fè yon lis aktivite w konn fè nan jou dimanch yo.

	TAN ENVESTI	TAN AKTIVITE

E BYFNÈ

AOEDR OBYNDE

RZEOEP

Mete lèt yo nan lòd pou wè twa Kalite aktivite ki glorifye Bondye Nan jou repo a.

Jou Seyè a Jodi A

Èske w kwè jèn timoun sa a yo obsève jou repo a?

Mari leve chak dimanch, l al nan lazi l ansyen yo pou l vizite tigranmoun k'ap viv la a.

Toma menm renmen jwe baskèt. Se sèl jou dimanch li gen tan pou l jwe, sa vle di li pase tout apre midi a ap jwe ak ti zanmi l yo.

Alicia gadò timoun vwazen an yo le samdi swa. Kòm li retounen lakay li byen ta, li vin twò fatige pou l leve nan demen maten pou l al nan lekòl di dimanch. Li di ke dimanch se jou pou l repoze.

Zanmi Miguel la te mande l pou yo t ale sou plas la le dimanch. Miguel te envite li al legliz anvan. Apre sa yo prale sou plas la ansanm.

Lucy ale nan lekòl di dimanch chak semèn. Kòm li renmen pale ak zanmi l yo, kèk fwa li pa tande sa madmwazèl la di a.

Andre te deside ale lakay zanmi li a apre reyinyon legliz la, pou li te ede li netwaye lakou a.

(Mak 12:30-31)
Se pou ou renmen Seyè a Bondye ou

avèk tout kè ou,

epi ak tout nanm ou,

ak tout fòs ou.

Sa a se pi gwo kòmandman an.

Men dezyèm kòmandman an sanble avèk li:

Se pou ou renmen frè parèy ou

tankou ou renmen pwòp tèt pa ou.

Pa gen lòt kòmandman

ki pi enpòtan pase sa yo

(Mak 12:30-31).

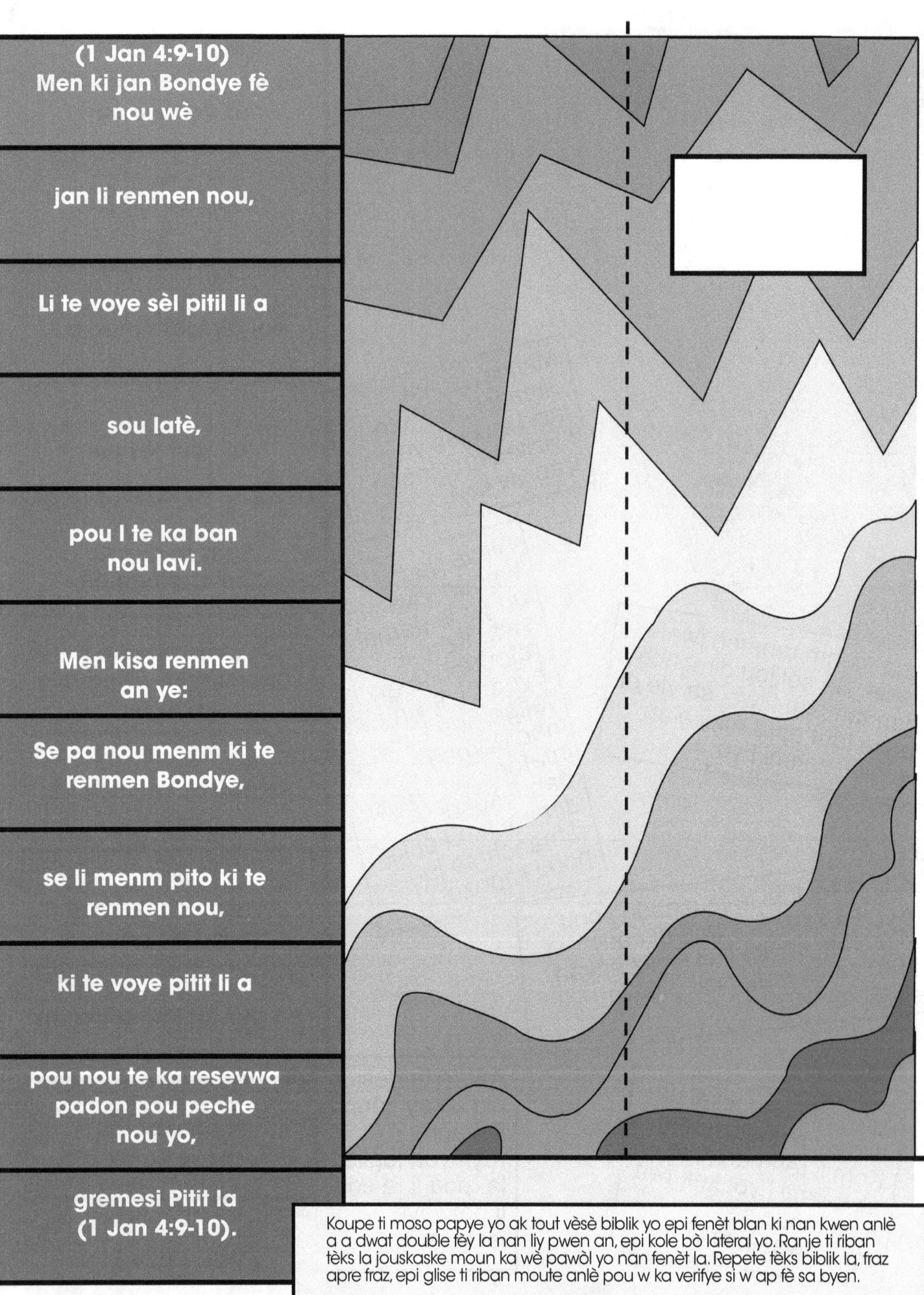

(1 Jan 4:9-10) Men ki jan Bondye fè nou wè

jan li renmen nou,

Li te voye sèl pitil li a

sou latè,

pou l te ka ban nou lavi.

Men kisa renmen an ye:

Se pa nou menm ki te renmen Bondye,

se li menm pito ki te renmen nou,

ki te voye pitit li a

pou nou te ka resevwa padon pou peche nou yo,

gremesi Pitit la (1 Jan 4:9-10).

Koupe ti moso papye yo ak tout vèsè biblik yo epi fenèt blan ki nan kwen anlè a a dwat double fèy la nan liy pwen an, epi kole bò lateral yo. Ranje ti riban tèks la jouskaske moun ka wè pawòl yo nan fenèt la. Repete tèks biblik la, fraz apre fraz, epi glise ti riban moute anlè pou w ka verifye si w ap fè sa byen.

Leson 4

NOU GEN BEZWEN PARAN NOU YO

ONORE

Onore: Akeyi kèk moun ak respè ak atansyon espeyal.

Ki moun?

Kisa?

Poukisa?

_____ dwe onore
pa _____
_____
_____
Dat: _____
(Senyati) _____

pa _____ dwe onore
_____
_____
Dat: _____
(Senyati) _____

_____ dwe onore
pa _____
_____
_____
Dat: _____
(Senyati) _____

Bondye di jèn timoun yo
(Egzòd 20:12)

Jezi di jèn timoun yo
(Lik 2:51-52;
Jan 19:25-27)

Pòl di preadolesan yo
(Efezyen 6:1-3)

YO TOU

KÈK

P

GEN BAGAY
OU YO DI !

Preadolesan yo di paran yo

Preadolesan yo di lòt preadolesan yo

Kijan mwen kapab montre RESPÈ pou paran m yo?

Kalifye w pandan w ap make kolòn ki apwopriye a	PRÈSKE TOUJOU	KÈK FWA	PRÈSKE JANMEN
Mwen pale de paranm yo lè m ansanm ak zanmi m yo.			
Mwen obeyi paran m yo.			
Mwen gen yon bon opinyon de paran m yo.			
Mwen sèvi ak paran m yo menm janm ta renmen yo sèvi ak mwen.			
Mwen konsève chanm mwen pwòp.			
Mwen mande paran m yo pèmisyon lè m dwe fè sa.			
Mwen obeyi paran m yo san m pa plenyen.			
Mwen eksprime lanmou mwen ak karès pou paran m yo.			

Koupon valab jiskaske

Paske mwen renmen epi respekte paran m yo, semèn sa a mwen pral

_____

_____

_____

_____

Siyati

Leson 5

KISA W WÈ?

Pwogram pwen mwen pi renmen yo

Fè yon lis senk pwogram televizyon oswa fim ou pi renmen yo.

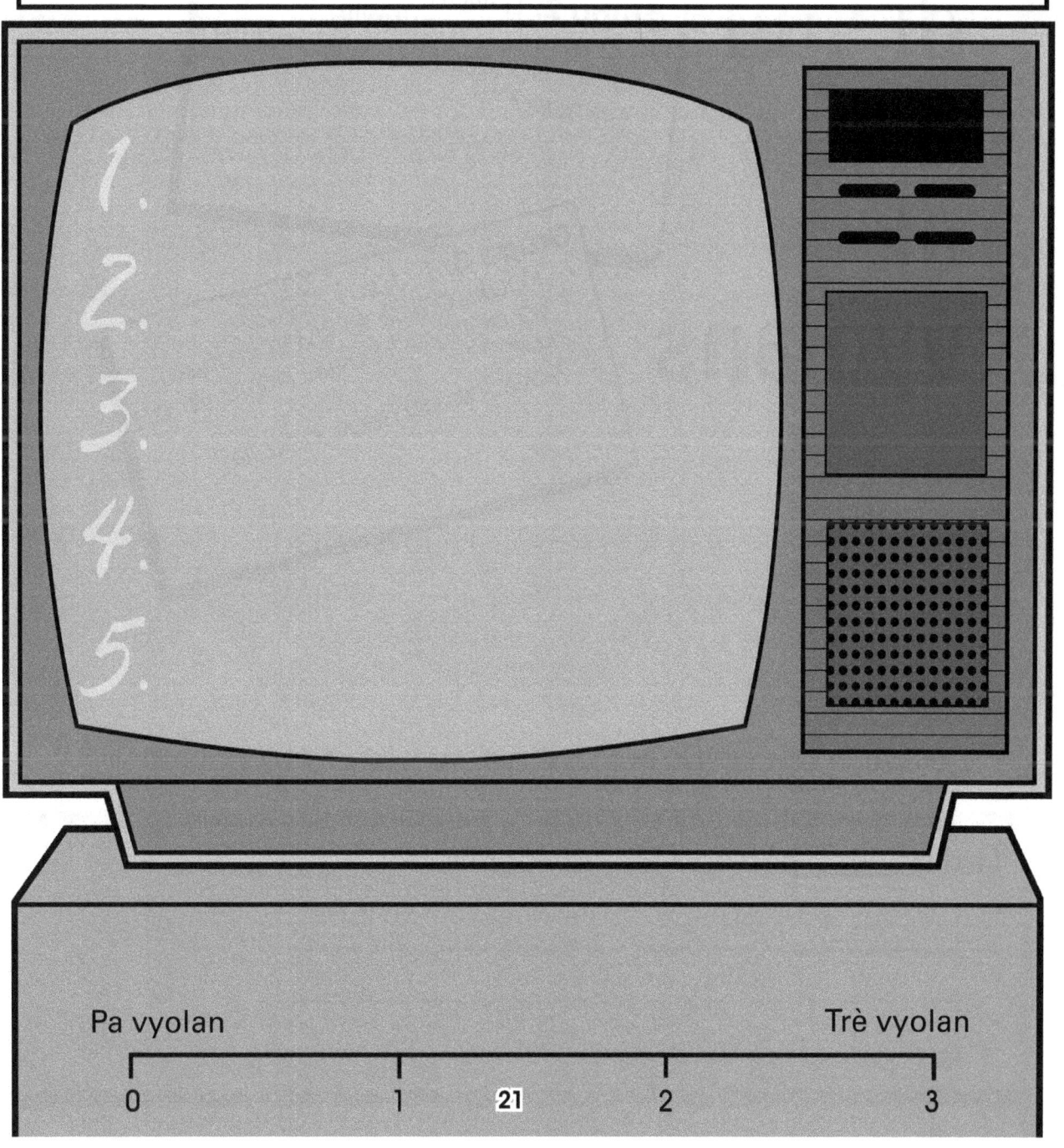

Pa vyolan   Trè vyolan

0   1   2   3

Sa Bib la di sou kòlè ak vyolans

Grupo 1: Li Egzòd 20:13.
1. Kisa touye a ye ?
2. Poukisa w panse Bondye te etabli yon kòmandman kont touye moun?

Grupo 2: Li Matye 5 :21-22.
1. Ki moun ki merite jije ?
2. Poukisa Jezi te di kòlè merite jijman?

Grupo 3: Li Jak 1 :19-20.
1. Poukisa Jak te avèti kretyen yo pou yo te evite mete yo an kòlè?
2. Kisa Jak konseye nou fè?

Ekri youn oswa plizyè lwa kont vyolans pou lavil Megatwopolis.

Lwa N°_____ pou lavil Megatwopolis.

_____

_____

_____

Leson 6

MWEN ESPESYAL

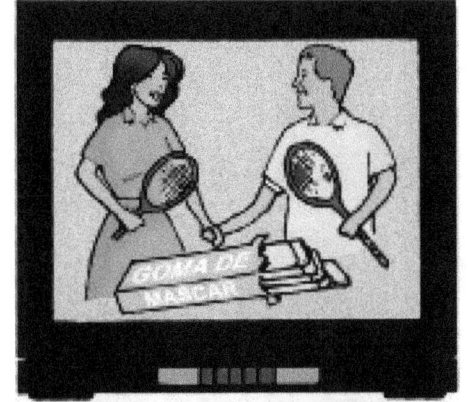

kisa y'ap vann la?

Fè yon lis de senk komèsyal oswa piblisite ke w renmen.

KALIFIKASYON

Kalifye yo chak ak yon 0 si non yo fè magazin sou imoralite seksyèl pou vann pwodwi yo, oswa ak yon? Si l fè l.

_____ _____
_____ _____
_____ _____
_____ _____
_____ _____

GRUPO 1:
Jenèz 1:27-31; 2:20-24.

- Dapre Bib la, ki kote sèks la soti?
- Kòman w ta dekrive atitid Bondye pa rapò ak sèks?
- Kisa ki fè w panse konsa?

GRUPO 2:
Egzòd 20:14; Matye 5:27-28; Women 1:18, 26-32.

Ki advètans la Bib fè sou sèks?

GRUPO 3:
1 Korentyen 10 :13 ;1 Tesalonisyen 4 : 1-5

Kisa nou kapab fè lè nou tante pou nou fè peche?

Leson 7

SI SE PA POU OU, KITE LI !

Pa manyen l !

Fè yon lis de senk bagay si yo ta volè yo ou patap sonje yo.

Fè yon lis de senk gagay ou ke w pa ta renmen yo volè pou ou.

Volè Oswa Pa Volè?

Kisa Bib la di?

> **Volè:** Se pran sa ki pa pou ou.
> **Restitye:** Se remèt sa k te volè oswa peye sa ki te domaje.

1. 1. Ki lwa Bondye ki pale de vòl? (Egzòd 20:15).

2. 2. Si nou anvi gen yon bagay, kisa nou dwe fè olye nou vòlè li? (Efezyen 4:28).

3. 3. Dapre konkòdans lan, konbyen vèsè mo vòlè a parèt?

4. 4. Si yon preadolesan vòlè zelò yon moun, kisa li ta dwe fè pou l repare domaj la?

Deboche

Kopye

Vòlè oubyen anganyan

Pale mal

Devaste

Fè vis

FÈ KLA AVAN MWEN

Deboche: Pran yon bagay san peye san moun pa rann yo kont.

Kopye: Itilize ide lòt moun fè kòm si se te ide pa yo.

Vòlè oubyen anganyan: Pran bagay yon moun an koken.

Pale mal: Denigre yon moun ak pawòl oswa nan lèt, pou sal repitasyon.

Devaste: Domaje byen yon moun pa eksprè

Fè vis: Vòlò oswa dewobe bagay ki pa gen anpil valè an kachèt ak riz.

SMAN SE DWE

SA SE VÒLÒ?

Donya Julia, ki prèske pa janm soti lakay li, li mande Jan pou l netwaye jaden l lan pou li, epi li peye l pou travay li a. Pou Jan ka ekonomize tan, chak semèn li netwaye sèlman ti zòn ke li kapab wè lè l kanpe nan fenèt lakay li a, epi chak de semèn li fè travay la byen konplèt. Li di li fè sa pou l pa touche pi plis lajan nan men Donya Julia. Èske l ap vòlò dam nan?

Silvia kraze renmen l lan ak Jowèl. Li tèlman fache, li mache sal non tidam nan? Èske Jowèl ap vòlò la a? Kisa l ap vòlò pou li la a?

Chak fwa ke Agustin bezwen lajan, l ale nan chanm papa l la li pran monnen li jwenn sou tab la oswa nan pòch li yo. Èske Agustin ap vòlò la a?

Alicia ak Sofia te ale nan magazen an pou achte lèt pou manman Sofia. Pandan y ap tounen lakay, Sofia bay Alicia yon chokola. Alicia te di.

"Mèsi paske w te achte l pou mwen", "Mwen grangou anpil". Sofia te di l: "Mwen pat achte li non" li tonbe ri. " Magazen sa touche plis lajan ke l ta dwe touche, poutèt sa a, mwen pran l san peye". Èske Sofia ap vòlò?

Toma te mande Danyèl si l te deja fini devwa matematik ke gwoup pal la te dwe fè a. Lè Danyèl te di l wi, Tomas te mande l si l te prete l li . "Mwen te konnen ou t ap gentan fini l. Mwen te okipe anpil, mwen pat gentan fè l. Prete m pa w la pou kèk minit. Èske Toma ap vòlò la a?

Rita fache paske Angela pat vle prete li CD mizik li t ap koute a. san pèsonn pa rann yo kont, li te pran CD a nan bous Angela, li kraze l epi li mete l nan menm plas la. "Sa a pral aprann li prete",Rita te di. Èske li vòlò?

KONSEKANS VÒL

Konsekans fè fwod yo se:

Konsekans pale moun mal yo se:

Konsekans fè vis yo se:

Konsekans dewobe yo se:

Konsekans kopye sou moun yo se:

Konsekans domaje byen moun yo se:

Kòman ou kapab evite konsekans yo

Leson 8

BAY MANTI POTE KONSEKANS

VEYE KÒ NOU AK BAY MANTI!

Ananyas ak madanm li te vann yon teren. Apresa, yo te mete tèt yo ansanm pou yo te sere yon pati nan lajan epi bay apot yo rès la. Pyè te di: "Ananyas, poukisa Satan antre nan kè w pou fè w bay Sentespri a manti, pandan w rete ak yon pati nan lajan? Avan w te van li tout pat pou ou? Poukisa w te fè sa? Ou pa ban nou manti, men se Bondye ou bay manti".
Lè Ananyas te tande sa, li tonbe li mouri menm kote a epi, lè pawòl la te gaye, tout moun te vin pè. Plizyè jèn te vlope kadav la epi pote l al antere.
Twazèd tan apre madanm li te rive tou menm kote a, san l pat konn sa k te pase a. Pyè te mande li: "Di m, èske se nan pri sa nou te vann teren an?" Li te reponn:
"Se konsa menm", "sa se pri a".
Konsa Pyè te di li: "Pou kisa nou te mete tèt nou ansanm pou n tante Lespri Senyè a ? Gade ! Men jèn ki sot antere mari w yo ap vini, se yo menm menm ki pral antere w tou".
Menm kote a li te tonbe tou mouri devan pye apot yo. Jèn yo te antre epi pote l al antere menm kote ak mari li.

(Travay 5:1-10).

OU TA KWÈ KE OU

SITIYASYON YO

Ekri yon sitiyasyon ki reprezante chak kalite manti. Nou te fè premye a kòm egzanp.

Manti blanch yo :
Chanje oswa ajoute yon ti detay, oswa fè manti sou yon bagay ki pa menm gen sans.

> Rosa te kontan pou l te moutre Lwisa kòsaj li a. Lwisa te di : "Oh li bèl anpil", pou l te ka fè kè l kontan, men an reyalite li pat wè kòsaj la bèl.

Tripotay:
Envante enfòmayon pèsonèl oswa fo sou yon moun.

Pale mal:
Akize yon moun pou sal imaj li oswa repitasyon li.

Pa bay verite a:
Kache yon verite an sekrè ke nou ta dwe di.

Egzajerasyon:
Fè yon bagay parèt pi bon oswa pi mal ke jan l ye a an reyalite.

Retraksyon:
Bay yon manti apre nou fin fè sèman (pwomèt) ke nou ta bay verite a.

PRAL BAY MANTI?

KONSEKANS YO

Ekri yon konsekans pou moun ki bay manti nan chak sitiyasyon. Nou te fè premye a kòm egzanp.

Rosa p'ap bèl ak kòsaj sa. Lwisa pral santi l mal lè li wè ke zanmi li a ap itilize kòsaj la epi petèt li gen pou l tande kòmantè lòt moun yo.

VERITE

PRÈV VERITE A

Li chak fraz epi di si se vrè oswa fo. Ekri 1 si se vrè, epi 2 si se fo.

Apresa a, li fraz yo ankò, pandan w'ap di "Mwen" olye de "anpil preadolesan", epi fè tout chanjman nesesè yo.

¿Kòman w kalifye w?

1. Kèk fwa anpil preadolesan bay paran yo manti.

2. Anpil preadolesan di laverite.

3. Anpil preadolesan te fè koken oswa kopye sou devwa lòt elèv oswa egzamen.

4. Anpil preadolesan konn fè tripotay.

5. Anpil preadolesan konn egzajere verite a.

6. Si yo konnen verite a, anpil preadolesan yo prefere pale l.

7. Anpil preadolesan yo kèk fwa anganyan lòt yo.

8. Anpil preadolesan konn sal repitasyon yon moun.

9. Anpil preadolesan yo konn padone moun ki te bay manti sou yo.

10. Anpil preadolesan yo konn mande padon pou manti yo bay.

Se poutèt sa, sispann bay manti. Se pou nou di verite lè n'ap pale ak frè nou, paske nou tout se manm yon sèl kò nou ye.
(Efèz 4:25)

Leson 9

PA POTE LANVI SOU SA K' PA POU OU

ESKLAV LANBISYON AN

Ekri etap lanbisyon yo, depi ke moun nan fèk anvi bagay la jouskaske li fè vòl la epi yo dekouvri li.

mwen vle sa w genyen an!

1. Defini mo "lanbisyon".

2. Kisa Bondye di sou lanbisyon nan dis kòmandman yo? (Egzòd 20:17).

3. Poukisa lanbisyon an ta repouse Bondye? (Filipyen 4:10-13, 19).

4. Kisa Jezi te di osijè de byen yo? (Matye 6:19-21).

5. Poukisa lide sou byen yo pa kòrèk?

   A. Nou tout nou gen dwa jwi tout bon bagay nan lavi.

   B. Nou tout nou gen dwa pou nou jwi menm jan sa lòt yo posede.

   C. Anmezi nou gen plis byen, se plis n ap viv ak kè kontan.

6. Kisa ki remèd lanbisyon an? (Ebre 13:5)

Pa kite renmen lajan pran tèt nou, se pou nou kontan ak sa nou genyen kounye a. (Ebre 13:5a)

Leson 10

INITE II
BONDYE ANSANM AVÈK OU

SUFRANS JÒB

Papa kat timoun ki mouri nan yon aksidan avyon.

Twa fi mouri nan yon aksidan asansè.

Yon kay ki detwi ak dife.

POUKISA BAGAY SA RIVE MOUN KI KRETYEN YO?

Yon timoun ki gen nèf lane ki ap soufri ak yon maladi lisemi.

Yon granmoun ki pat pandan yon tren fè aksidsan, li mouri ak yon kansè nan sèvèl li.

Yon tranbleman de tè kraze anpil kay.

Chèf yo mete yon adolesan nan prizon.

Kisa k te pase Jòb?

Nan tè Ouz te gen yon bon nonm epi ki te onèt non li se te Jòb. Li te onore Bondye epi evite fè sa ki mal. Li te gen sèt pitit gason ak twa pitit fi; epi li te posede 7.000 mouton, 3 000 chamo, 500 bèf ki konn raboure latè ak 500 manman bourik, anplis li te genyen anpil anpil gadyen. Se te nonm ki te pi enpòtan nan rejyon oksidantal la.

Pitit gason l yo te fè gwo bankèt lakay yo epi envite sè yo vin manje ak bwè ak yo ansanm.

Apre fèt yo fini, Jòb rele yo epi sanntifye yo. Li leve nan maten, li te ofri sakrifis konfòm ak nimewo yo chak, paske li te di: "Pètèt pitit mwen yo te fè peche epi komèt inikite kont Ou pwote je l, fanmi li, ak tout sa l posede epi ou beni tout sa li fè. Men, si ou lonje men w epi frape tout sa l genyen, ou pral wè si li pa t ap pale mal kont ou menm devan de zye w-se sa Satan te di.

Se byen, ou mèt fè tout sa w vle ak byen li posede yo, men kanta pou li, piga w touche li-se sa Bondye te ba l lòd fè.

Yon jou, pandan pitit Jòb yo t ap fete lakay gran frè yo a, yon mesajè t'al di Jòb konsa: Bondye nan kè yo". Sa te fèt chak jou. Yon jou zanj yo te prezante yo devan Bondye, epi Satan te ansanm avèk yo. Epi Bondye te mande Santan:

—Ki kote ou soti?

—Satan te reponn li.

—Mwen sot pomennen toupatou sou latè.

—Kisa w panse de sèvitè mwen Jòb, sèvitè fidèl mwen an?

Pa gen pèsonn ki bon tankou l sou tout latè. Se yon nonm ki jis epi inonsan, li toujou obeyim nan tout bagay ak evite fè sa ki mal-se sa Jewova te di.

Satan te di : Jòb onore w pou yon bon rezon.

—Yon pil bandi sot atake nou epi yo vòlò bèt yo! Yo touye sèvitè w yo epi se mwen ki chape vin pote nouvèl la ba ou. Nonm nan pot ko menm fin pale lè yon lòt mesajè te rive pou di Jòb:

—Yon kout loray touye tout mouton yo ak gadò yo! Se sèl mwen menm ki chape pou m te ka vin di w sa. Yon lòt mesajè te rive ankò epi di :

—Twa gwoup bandi ki te soti nan Kalde a yo atake nou, yo touye esklav yo epi pran mal mouton yo y'ale avèk yo.

Se sèl mwen menm ki chape!

Nan moman kote twazyèm mesajè a t ap pale, se lè sa a yon nonm te rive epi li di:

—Pitit ou yo t ap fè fèt, se konsa yon gwo van te vini soti nan dezè a epi li te kraze kay. Yo mouri! Se mwen menm ki te chape pou m te pot nouvèl la ba ou.

Lè Jòb te tande sa, li leve kanpe, li te chire manto sou li epi raze tèt li kòm sinyal tristès li. Apresa a, li te bese tèt li jous atè, li te adore Bondye epi li te di:

—Toutouni mwen te soti nan vant manman m epi se toutouni mwen pral retounen la. Jewova bay Jewova pran: Se pou non Jewova beni! Yon lòt fwa ankò zanj yo te prezante devan Seyè a, Satan avèk yo, epi Bondye di: Éske w te wè sèvitè mwen Jòb ? Li kontinye fè bon moun ak moun onèt, malgre w pat kite pou m te fèl mal san okenn rezon.

—Po pou po, tout sa lòm genyen l ap bay li pou lavi li. Men lonje men w, frape zo li ak chè li, epi w ap wè si l pap pale mal kont ou devan de zye w-se sa Satan t ap plede di.

—Ebyen oke, mwen pral kite w maltrete li, men pa manyen lavi li— Se sa Bondye te di l. Lè Satan te fin ale, li te ranpli tout kò Jòb ak maleng. Konsa Jòb te chita sou sann epi chak jou li t ap grate kò l ak yon moso bòl.

Madanm li te di li :

—Poukisa w plede ap mache dwat menm ? Li ta pi bon pou w joure Bondye epi kouche pou mouri !

—Jòb te reponn li konsa : w'ap pale tankou yon madanm ki fou. Se sèlman bon bagay yo pou nou resevwa nan men Bondye, epi pou n pa resevwa sa ki mal la tou ?

Malgre tout sa k te rive li, Jòb pat fè peche kont Bondye (Job 1:1-2:10).

MOUN YO se pou w tankou yon pou BONDYE

Ekri nan espas vid sa a pwoblèm k'ap afekte jèn timoun yo oswa fanmi yo.

Ekri yon mo ki gen de lèt sou pon an ki pou ede nou rezoud pwoblèm sa a yo.

Leson 11

POUKISA JÒB TE SOUFRI?

Ou konn resevwa konsèy? Lè w'ap pran desizyon yo, ki enpòtans ou bay konsèy yo?

1. Ki kantite fwa ou mande konsèy?
____ Toujou _____ Kèk fwa _____ Prèske pa janm

2. Konbyen fwa konsèy ou resevwa yo afekte desizyon w yo?
Yon ti kras   Anpil

3. Kimoun ou mande konsèy ?
____ Zanmi yo ____ Paran yo ____ Lòt granmoun

4. Kijan w fè evalye si yon konsèy bon oswa mal?
____ Lojik ____ Sans Komen ____ Lapriyè
____ Bib ____ Eksperyans

Zanmi yo?

ELIFAZ: Kòm mwen pi gran epi se mwen yo plis respekte, mwen pral pale anvan. Jòb, ou konnen ke lòm rekòlte sa yo simen. Éske w ka mansyone non yon moun ke Bondye te pini? Mwen toujou wè pechè yo ranmase rekòt pwoblèm. Poukisa w pa konfese peche w yo bay Bondye ?

JÒB: Elifa, atitid ou banm desepsyon. Mwen pat fè anyen ki mal epi mwen pa koupab de okenn peche. Mwen kwè ke Bondye se lanmou. Menm si mwen pa konprann sa k'ap pase a, mwen konnen ke redanmtè mwen an vivan.

SOFA: Mwen menm tou m kwè w te fè peche. Si se pat sa, Bondye pa ta pèmèt bagay sa a rive w. Ou dwe konfese peche w yo epi restore relasyon w ak Bondye.

JÒB: Sofa, sa fè m mal lè m wè w panse ke se peche mwen te fè. Ou deklare m koupab san m pa konnen kijan bagay sa yo fè rive.

BILDAD: Jòb, pou mwen menm atitid ou sanble enkwayab. Koute mwen, Bondye jis. Mwen kwè ke pitit ou yo te mouri paske yo te fè yon bagay ki mal. Si w te bon vre, Bondye ta tande priyè ou yo.

JÒB: Bildad, tout bagay nan men Bondye. Sa mwen te di a se paske w pa respekte li. Tousenpleman mwen panse ke gen lòt lwa k ap opere anndan sitiyasyon sa a.

ELIYOU: Bondye pa sèvi avè w kòm ennmi. Li renmen w. Pa doute de sa. Si moun k'ap mache dwat yo soufri se paske yo te sou wout pou yo fè yon bagay ki mal. Bondye ap eseye rale yo pou yo pase lwen peche a. Repanti pandan w gen tan jodi a.

Èske zanmi Jòb yo te gen rezon? Èske Jòb te peche?

Reponn kesyon sa yo:

1. Ki kalite konsèy zanmi Jòb yo te ba li?

2. Nan ki fason zanmi Jòb yo te bon avèk li?

3. Ki jan zanmi Jòb yo te dekouraje li?

4. Kijan zanmi Jòb yo te reyaji devan sitiyasyon Jòb la?

5. Kijan Jòb te reyaji fas ak konsèy zanmi li yo?

6. Poukisa zanmi Jòb yo pat kwè nan li?

7. Kisa Jòb te fè pou l te merite sa k te pase l la?

Li Jòb 33:9 epi ekri temwayaj li.

Kalamite yo oswa Konsekans yo

Kalamite: Se pwoblèm oswa sikonstans difisil ki rive frape anpil moun.

Konsekans: Rezilta yon aksyon.

Kilè yon kansè nan poumon ta yon konsekans?

Kilè li ta kapab yon kalamite?

Kilè pèdi yon travay ta yon konsekans?

Kilè li ta kapab yon kalamite?

Kilè SIDA ta yon konsekans?

Kilè li ta kapab yon kalamite?

Kisa ki pi enpòtan Jòb te aprann?

Leson 12

KI KOTE BONDYE TE YE?

DESIZYON ENPÒTAN MWEN TE PRAN YOU

DESIZYON YO	Kisa ki te ede m pran desizyon sa a?
1.	1.
2.	2.
3.	3.
4.	4.
5.	5.
6.	6.
7.	7.
8.	8.
9.	9.
10.	10.

Kisa JÒB te panse?

1. Kisa Jòb te aprann osijè de Bondye pa mwayen soufrans la?

2. Kisa Jòb di n nan chapit 42:1-2 osijè de Bondye?

3. Nan kisa istwa Jòb la sanble ak pa Jezi a?

4. Lè moun ki mache dwat ap soufri, èske li toujou jwenn yon repons?

Mwen konnen ke ou gen tout pouvwa, epi pa gen

Kisa MWEN panse?

1. Kisa w wè k pa jis nan lemond?

2. Kisa w wè k pa jis nan lekòl la?

3. Kisa w wè k pa jis nan fanmi ou?

4. Kisa w wè k pa jis nan ou menm?

5. Ki moun ki gen kontwòl tout sitiyasyon sa yo?

6. Kisa w kapab fè pou w aranje yo?

w'ap fè tout sa w mete nan tèt ou pou w fè (Jòb 42:2).

Kisa ki pi enpòtan Jòb te aprann?

Renmen ennmi ou yo.
Asiste legliz.
Pataje saw genyen.
Fidèl nan lapriyè
Li bon liv.
Konsève yon lespri pwòp.
Fè lòt moun sa w ta renmen yo fè pou ou.
Pale ak pridans.
Li Bib la.
Respekte sa lòt moun posede.
Mete tan apa pou Bondye.
Pa pran lapawòl fasil epi swiv ak anpil prekosyon.
Pale laverite.
Konfye nan Bondye.
Onore paran w yo.
Renmen pwochen ou.
Se pou w renmen moun.
Mete Bondye nan premye plas.

Leson 13

LI ENPÒTAN POU OBEYI BONDYE

OU DWE TANKOU YON JIJ!

VÈDIK

	JIS	ENJIS
Paran Kamèn yo te di l pa mete rad nèf li a pou l jwe sou plas la. Kamèn bliye chanje rad sou li epi li chire pantalon nèf li yo. Manman Kamèn entèdi l soti nan kay la pandan yon semèn.	☐	☐
Kalòs ak Robèto t ap voye manje pandan rekreyasyon an. Direktè a te pase la, men li te wè sèlman Kalòs ap fè sa, poutèt sa li ba l yon pinisyon pou yon mwa.	☐	☐
Erika ak ekip foutbòl li a yo t al manje anmbègè apre match la. De nan konpayèl li yo te fè antrenè a wont tèlman yo te aji mal. Li di konsa li p'ap mennen yo al manje nan restoran ankò pandan tout rès sezon an.	☐	☐

JOZYE
LIDÈ A

1. Nan kisa gen diferans premye ak dezyèm batay ant Izrayèl ak Ayi?

2. Kisa istwa sa di nou sou konsekans ki genyen nan dezobeyi kòmandman Bondye yo?

3. Kisa istwa sa a di nou sou rezilta ki genyen nan obeyi kòmandman Bondye yo?

4. Menm si Jozye te yon gran lidè, ki erè li te fè apre batay Jeriko a?

5. Kisa Jozye te fè lè li te rekonèt erè l te fè a?

6. Kisa k te vin rive kòm rezilta lapriyè Jozye a ak pinisyon Akan an?

PANSE EPI REPONN!

Ki konsekans ki genyen nan dezobeyi Bondye?

Swiv egzanp Jozye yo

Mete pawòl ki dekrive Jozye yo nan yon sèk.

Prè pou mande padon

Move rega

Fè mirak

Konfyab   Timid

Obeyisan

Emb

Ògeye

Dezobeyisan

Onèt

Prè pou aprann

Ki benefis ki genyen nan obeyi Bondye?

Poukisa Bondye vle pou n obeyi l?

Egzamen doktè

Non

Batman kè mwen: Mwen santi mwen obeyi Bondye ____% de tan.

Presyon sangen mwen:
- ☐ Wo: Mwen konnen m pa obeyi Bondye.
- ☐ Ba: Mwen pa entèrese konnen si m obeyi Bondye ou non.
- ☐ Nòmal: Mwen fè efò pou m obeyi Bondye.

Endikasyon pou yon ti tan bezwen: Jodi a mwen
- ☐ Di Bondye mèsi pou lanmou ak mizèrikòd li.
- ☐ Mande Bondye padon paske m te dezobeyi li.
- ☐ Konfye ke Bondye ap ede m obeyi li.
- ☐ Lòt _____

Endikasyon pou anpil tan: Semèn sa mwen pral...

Leson 14

INITE III
YON GWO EVENNMAN

OTORITE JEZI A

Se konsa Jezi te antre nan tanp Bondye a, li te mete deyò tout moun ki t ap vann ak achte nan tanp lan, epi li te chavire tab moun ki t ap chanje lajan yo, ak chèz moun sa yo ki t ap vann pijon yo; epi li te di yo konsa: Sa ekri: Kay mwen, se kay kote moun lapriyè li rele; men nou menm nou fè l tounen yon kavèn de vòlè (Matye 21:12-13).

Ki pouvwa Jezi te genyen?

Li Matye 21:1-11.
1. Sou ki fòm Jezi te demoutre otorite li pou l te rive jwenn ti bourik pou l te fè antre triyonfal la ?
2. Sou ki fòm piblik la te demoutre respè yo pou Jezi lè li te rive nan lavil Jerizalèm?

Li Matye 21:12-17.
1. Sou ki fòm Jezi te demoutre otorite l devan moun ki t ap chanje lajan yo ak moun ki te konn vann nan tanp yo ?
2. Sou ki fòm Jezi te demoutre otorite l devan kokobe ak avèg yo ?
3. Kijan farizyen yo te reyaji lè timoun yo t ap adore epi louwe Jezi?

Li Matye 21:23-27.
1. Kijan Jezi te reyaji lè farizyen yo t'ap kesyonnen otorite li?
2. Kijan farizyen yo te reyaji lè Jezi te poze yo kesyon?

Li Matye 26:14-16; 28:16-20.
1. Sou ki fòm Jida te pase otorite Jezi a anba pye l ?
2. Dapre Matye 28:18, ki kalite otorite Jezi te genyen?

Jezi pwoche bò kote yo, epi li di yo konsa: Mwen resevwa tout pouvwa nan syèl la ak sou tè a (Matye 28:18).

Kilès ki otorite a?

Kisa w PÈDI lè w obeyi?

Kisa w GENYEN lèw obeyi?

Paran Alberto yo te mande li pou l ale avèk yo al vizite gran grann li ak yo k ap viv nan yon kay kote yo mete granmoun. Li "Mwen pa renmen ale kote sa yo. Li menm mwen sèlman wè l de fwa epi mwen pa konnen l byen", se sa li te reponn. "Lè fini tou, jodi a yo pral pase yon match nan televizyon, mwen vle wè li".

Luis ak Miguel te wè yon granmoun k ap mache ak yon baton. Miguel di : "Ann al fè l pantan epi menase l, n ap pran baton l lan !" Lè Luis te di li pa dakò, Miguel te reponn : "Sa pa gen okenn mal, nou p'ap ba l kou, se sèlman nou pral fè l pantan yon ti kras".

Nan lekòl la, Rita te wè lajan timoun ki pi piti a tonbe sot nan bous li. Kòm pat gen lòt moun ki te wè sa k te pase a, li te pran lajan epi sere l nan bous pa li. Yon vwa anndan kè l te di li konsa: "Remèt timoun nan lajan sa a".

Dèpi plizyè mwa Paco travay epi li sere lajan pou l achte yon bisiklèt nèf. Finalman li te gen kantite ki nesesè a. Pandan li t ap fè priyè maten li te fè lekti nan Malachi 3:10, ki pale sou ladim. Men li pat janm konn peye ladim. Paco te panse "Si mwen achte bisiklèt la kounye a epi m pral oblije peye ladim mwen, mwen p'ap kapab tan pandan plizyè semèn pi plis".

Brenda te ale lakay li sou bisiklèt epi li te deside koke nan dèyè yon machin. Epi li wè yon ti pankat ki di "Pon fèmen". Brenda te panse : "Lèt sa a se te sèlman pou otò yo. Mwen kapab travèse pon an ak bisiklèt mwen an".

KI LÈS LI YE...

Pou zanmi w yo?

Pou ou?

MWEN SE

rezireksyon ak lavi; moun ki kwè nan mwen, menm si li ta mouri, l ap viv ankò. Epi tout moun k ap viv epi mete konfyans yo nan mwen, li p'ap mouri, pou tout tan. Èske w kwè sa? (Juan 11:25-26).

Kisa w pèdi lè w obeyi li?	Kisa w genyen lè w obeyi li?

Leson 15

LA PRIYÈ: SOUS PISANS

Jezi Te Priye

LI **Lik 22:39-46.**
Kisa vèsè sa yo moutre nou sou atitid Jezi devan lanmò li?
Poukisa li te ensiste ke disip li yo te nan nesesite pou yo priye?

LI **Lik 22:47-53; Matye 26:55-56**
Kijan disip yo te reyaji lè yo te arete Kezi?
Èske sitiyasyon an t ap diferan pou disip yo si yo te priye?

LI **Lik 22:54-62.**
Poukisa Pyè te refize di li rekonèt Jezi?
Poukisa Pyè te aji mal?

YON SOUS PISANS

Sòm 25:11
Jeremi 29:12
Jeremi 42:3
Matye 5:44
Lik 6:28
Lik 22:40
Jak 5:13-14

Chèche vèsè biblik sa yo. Kisa yo di w sou enpòtans lapriyè? Vèsè sa yo esplike trè byen lavi preadolesan yo.

Sous pisans mwen ak fòs mwen

Lis lapriyè mwen

Dimanch

Lendi

Madi

Mèkredi

Jedi

Vandredi

Samdi

Repons lapriyè

Leson 16

JIJMAN JEZI A

Kèk fwa ou konn patisipe nan kèk jijman?

JIJMAN YO

Premye pati: Jijman ak Ann epi Kayif

Pèsonaj yo: Rakontè, Jezi, Ann, Kayif, temwen yo, ofisyèl tanp la.

Rakontè: Yo te arete Jezi nan jaden Jestemani, kote li t ap priye a. Solda yo te mennen l devan Ann, ansyen gran prèt la, se te bòpè Kayif, nouvo gran prèt la.

Ann: Kilès moun sa yo k ap swiv ou konsa? Ki manti ou te ba yo?

Jezi: Mwen te pale devan tout moun epi mwen toujou ap anseye nan sinagòg la ak tanp la. Mwen pat di anyen an sekrè. Poukisa w'ap poze m kesyon? Li pi bon pou w poze moun k ap koute m yo kesyon pito.

Ofisyèl tanp yo: (Pandan y ap bay Jezi kou) se konsa ou reponn yon gran prèt?

Jezi: Si mwen te di yon bagay ki pa kòrèk, di mwen l, poukisa w frape m?

Rakontè: Lè yo fin koute li, Ann te voye l bay Kayif tou mare. Sanedren an te reyini lakay Kayif. Lidè sa a yo t ap chèche yon bagay pou yo te kont Jezi. Anpil nan yo te vle kondane li a mò. Pwoblèm nan pat gen okenn rezon pou yo te touye li, menm si kèk fo temwen te bay manti sou li.

Temwen yo: Nonm sa a te di: "Mwen pral kraze tanp sa ki te fèt ak men, epi nan twa jou mwen pral konstwi yon tanp ki pa fèt ak men".

Kayif: Èske w gen yon bagay pou w di?

Rakontè: Jezi te rete an silans.

Kayif: Èske se ou menm ki Kris la, Pitit beni an?

Jezi: Se sa mwen ye, epi n ap wè Pitit lòm nan chita a dwat pouvwa Bondye a epi pandan l ap vini nan nyaj yo ki nan syèl la.

Kayif: (Chire rad sou li) Moke! Nou pa bezwen plis temwen. Nou menm menm nou tande. Kisa nou wè?

Ofisyèl tanp yo: Se koupab! Pinisyon an se lanmò li dwe ye?

Rakontè: Se konsa yo te kòmanse krache nan figi Jezi epi ba li kout pwen.

Ofisyèl tanp yo: Di nou, ki moun ki frape w la? Demoutre nou ke ou se Mesi a epi di nou ki moun ki bat ou a.

Dezyèm pati a: Jijman devan Pilat

Pèsonaj yo: Rakontè, Pilat, Jezi, Ofisyèl tan yo, foul moun yo.

Rakontè: Li te byen bònè nan maten lè yo te mennen Jezi devan Pilat.

Pilat: De kisa yo akize nonm sa a?

Ofisyèl tanp yo: Li koupab. Nou pa t ap mennen l ba ou si nou pat konnen byen ke nonm sa a se yon kriminèl.

Pilat: Ebyen jije li anba pwòp lalwa nou.

Ofisyèl tanp yo: Nou menm nou pa kapab pini li a mò, men se pinisyon li merite pou krim li yo. L ap detwi nasyon nou an, epi tou li trayi wòm paske li fè pèp la pa peye taks pou Seza. Anplis de sa, li di li se Kris la, wa jwif yo.

Rakontè: Pandan tout tan sa a yo, Jezi te kontinye rete silans.

Pilat: Èske w se wa jwif yo?

Jezi: Ou panse se sa mwen ye oswa lòt moun ki te di w li?

Pilat: Nasyon w lan ak gran prèt prensipal yo te remèt ou nan men mwen. Kisa w te fè?

LENJISTIS

Jezi: Rèy mwen pa sou tè sa ; si rèy mwen te nan mond sa a sèvitè mwen yo ta batay pou mwen pou mwen pa ta lage nan men jwif yo; men wayòm mwen pa sou tè sa a.
Pilat: Ebyen, ou se wa?
Jezi: Ou di mwen se wa. Mwen menm se pou sa mwen te fèt epi se pou sa mwen vini nan mond sa a: pou m bay temwayaj sou verite a. Tout sa yo ki pou verite a, koute vwa mwen.
Pilat: Kisa verite a ye? (Pilat soti pou l pale ak jwif yo) mwen pa jwenn okenn erè nan li.
Rakontè: Se te yon koutim, ke nan chak fèt pak pou yo te lage yon prizonye.
Pilat: Èske nou vle mwen lage wa jwif yo?
Foul moun yo: Nou pa vle li! Nou vle Barabas!
Rakontè: Barabas te nan prizon pou sediksyon nan vil la, epi pou touye moun.
Pilat: Bat Jezi byen bat! Pètèt ak sa ya rete trankil.
Rakontè: Pandan solda yo t ap obeyi lòd Pilat, yo te bat Jezi jouskaske san te koule nan do li. Kèk nan solda yo te fè yon kouwòn pikan mete nan tèt Jezi.
Pilat: Jezi inosan. Mwen pat jwenn okenn erè nan li.
Foul moun yo: Kloure li sou kwa! Kloure li sou kwa!
Pilat: Nou te mèt pran l nou menm epi kloure l sou kwa a, paske mwen pa jwenn okenn erè nan li.
Ofisyèl tanp yo: Nou menm nou gen yon lwa, pa mwayen lwa sa a li dwe mouri paske li di li se Pitit Bondye a.
Pilat: (Li t ap pale ak Jezi) ki kote w soti? Ou refize pale avèk mwen? Ou pa rann ou kont ke mwen gen pouvwa pou m lage w oswa pou m kloure w sou kwa a?
Jezi: Ou pa gen okenn otorite sou mwen si anwo pa ba ou li.
Rakontè: Pilat t ap chèche fason pou l te lage Jezi.
Ofisyèl tanp yo: Si ou lage li, ou pa zanmi Seza. Tout moun ki vin wa, yo se lennmi Seza.
Pilat: Men wa nou an!
Foul moun yo: Nou pa vle l! Kloure l sou kwa a!
Pilat: Wa nou an pou m kloure sou kwa a?
Ofisyèl tanp yo: Nou pa gen lòt wa, se sèlman Seza.
Rakontè: Se konsa li te remèt li nan men yo pou yo te kloure l sou kwa. (Mak 14:58 - 65; Jan 18:19 – 19:16)

W'ap kontinye kenbe fèm?

Benediksyon pou jenn gason ki sipòte tantasyon, paske lè li fin reziste anba tray la, li pral resevra kouwòn lavi a, ke Bondye te pwomèt moun sa yo ki renmen li. (Jak 1:12).

Leson 17

LAMÒ JEZI A

Kisa w ta sakrifye pou peche w yo?

 Nan peryòd Ansyen Testaman an, moun yo te konn ofri sakrifis pou yo eksprime gratitid yo devan Bondye oswa pou mande li padon. Premye animal ki te sakrifye se te pou Bondye te fè rad pou mete sou Adan e Èv lè yo te fin peche. Malgre yo te konn pote ofrann bagay ki te soti nan jaden, sa k te pi komen se te sakrifis animal.

 Pwofèt yo te avèti pèp la ke sakrifis yo a pat vle di anyen si yo pat renmen ak obeyi Bondye. Sakrifis nan Ansyen Testaman yo te moutre sou ki fòm Jezi te gen poul te mouri.

 Jan ekri nan Nouvo Testaman an: Pitit mwen yo m ap ekri nou lèt sa a pou nou pa fè peche. Men si yon moun rive fè peche, nou gen yon avoka k ap plede pou nou bò kote Papa a, se Jezikri moun ki te mache dwat devan Bondye a. paske Jezikri te ofri tèt li tankou bèt yo ofri bay Bondye pou Bondye te ka padone pehe nou yo; pa peche pa nou yo ase, men peche tout moun tou (1 Jan 2:1-2).

Pou kisa Jezi te oblije mouri?

Ekri vèsè yo epi ekri mo ki manke yo.

1. Ki moun ki te fè peche a? Adan ak Èv te fè peche, epi relasyon original ki te genyen ant yo ak Bondye a te chanje. Peche a te separe Bondye de tout limanite. Bondye se lanmou epi li pa gen peche nan li.

Paske tout _____ yo tout vire do bay Bondye ki gen pouvwa a.

(Women 3:23).

2. Kisa konsekans peche yo ye?

Paske peche peye nou kach li ban nou _____ _____, men _____ se lavi ansanm ak Jezikri, Seyè nou an.

(Women 6:23).

KISA SA VLE DI POU

Obsève ilistrasyon yo epi konpare fason moun yo te konn ale devan Bondye nan Ansyen Testaman ak jan nou fè l kounye a.

3. Èske lòm kapab libere pwòp tèt li de peche? Bondye te eseye restore relasyon li ak lòm. Nan Ansyen Testaman yo te konn ofri sakrifis, men anpil fwa yo pa chanje atitid yo. Anpil lòt te eseye aranje relasyon yo nan fè bon zèv. Men okenn nan metòd sa yo pat sifi.

Paske se _____ ki fè nou sove, pa mwayen _____; epi sa pa soti nan nou, men se yon _____ Bondye; se pa pou sa nou _____, pou pèsonn pa _____.
(Efezyen 2:8-9)

4. Kijan nou kapab rezoud pwoblèm peche a?

Bondye tèlman _____, li te bay sèl _____, pou _____ tout moun ki mete konfyans yo nan li yo _____, men yo va gen _____.
(Jan 3:16)

Si _____ peche nou yo, Li _____ ak jis pou _____ peche nou yo, epi _____ anba tout sa ki mal.
(1 Jan 1:9).

5. Kijan Jezi te ede nou restore relasyon nou ak Bondye? Depi lè nou te fin kwè ke Jezi se Pitit Bondye a epi nou te mande li padon pou peche nou yo, relasyon n ak Bondye restore.

Men, sa ki _____ l yo, sa ki te _____ nan _____ li, li ba yo pouvwa tounen _____ Bondye a.
(Jan 1:12).

MWEN LANMÒ JEZI A

JWÈT DE MEMWA

Rezoud kastèt yo.

ewnM	es	ezoy nrei rks	ka	aL	iv		IK
wèk	ann	nwem	sinènm	Atli	RIOMU	Alp ivv	kòna
pie	t	asoy	ik	iw	Pie	wkè	nna
	wen	app	OUMRI	oup	tan tou		
		JAN	1:	2:5			

Leson 18
JEZI VIVAN !
LI VIV !

"Se konsa zanj lan, te reponn yo, li di medam yo: Nou pa bezwen pè, paske mwen konnen se Jezi n ap chèche, sa ki te kloure sou kwa a. Li pa isit la, li te resisite, jan li te di l la. Vini non, gade plas kote yo te mete Seyè a. Se pou nou ale byen vit epi di disip li yo ke li resisite pami mò yo, li ale nan Galile; se la nou va wè li. Men mwen di nou sa." (Matye 28:5-7)

SÈN 1:

Nan tonm nan
Pèsonaj yo: Rakontè, Zanj, de medam yo, Jezi.

Rakontè: Byen bonè nan maten, nan premye jou nan semèn nan, Mari Magdala ak lòt Mari yo t al wè kavo a. Pandan yo t ap mache konsa, tè a te kòmanse tranble epi te gen yon gran trebleman de tè ki te pase.
Se konsa yon zanj desann soti nan syèl la, li woule wòch la epi li chita sou li. Aspè li te klere tankou zèklè, wòb ki te sou li a te blan tankou lanèj. Lè chèf gad yo te wè li, yo te kòmanse tranble epi yo te rete tankou kadav atè a.

Zanj: *(Pale ak medam yo)* Nou pa bezwen pè; paske mwen konnen se Jezi n ap chèche, sa ki te kloure sou kwa a. Li pa isit la, li te resisite, jan li te di l la. Vini non, gade plas kote yo te mete Seyè a.
Se pou nou ale byen vit epi di disip li yo ke li resisite pami mò yo, li ale nan Galile; se la nou va wè li. Men mwen di nou sa.

Rakontè: Medam yo, te ranpli ak jwa, yo pete kouri pou y'al bay Bon Nouvèl la bay disip yo. Se konsa yo te voye zye yo, yo wè yon moun.

Jezi: Mwen salye nou!

Rakontè: De medam yo mete ajenou pou yo adore li.

Jezi: No upa bezwen pè, nou mèt ale di frèm yo ke mwen pral Galile. Se la yo va wè mwen.

SÈN 2:

Pèsonaj yo: Rakontè, chèf pret yo, chèf gad yo. Chèf gad yo pale ak chèf prèt yo.

Rakontè: Kèk nan chèfgad yo t al rakonte gran prèt yo sa k te pase a.

Gran prèt yo: *(yo te pale ansanm epi bay chak chèf gad yon ti sakit ki gen lajan.)* Koute byen. Se pou nou di tout moun ke pandan nou t ap dòmi, disip Jezi yo vini nan nwit la epi vòlò kadav la. Nou pa bezwen enkyete nou; nou konnen yo ka touye nou si n ap fè gad n ap dòmi men nou va pwoteje nou.

Rakontè: Chèf gad yo te pran lajan an epi yo te di tout bagay yo jan chèf prèt yo te moutre yo a. Istwa ke disip yo te vòlò kadav Jezi a pou jous kounye a ap fè wout li nan mitan jwif la.

SÈN 3:

Pèsonaj yo: Rakonte, 11 disip yo, Jezi. Jezi te pale ak disip li yo

Rakontè: Onz disp yo t ale Galile, sou montay kote Jezi te di yo ta jwenn li a. Lè yo te wè li, yo te bese tèt yo devan li pou yo adore l. Se pandan jiskaprezan genyen k pat fin kwè ke reyèlman se te li menm.

Jezi: Mwen resevwa tout pouvwa nan syèl la ak sou tè a. Se poutèt sa, ale, fè disip nan tout nasyon yo, batize yo nan non Papa a, ak Pitit la, ak Sentespri a ; anseye yo konsève tout bagay ke mwen te ban nou lòd fè yo; se konsa mwen la ak nou chak jou, jouskaske mond sa a fini (Matye 28:18-20).

Leson 19

INITE IV
BONDYE EDE W

BONDYE GEN KONTWÒL

Bondye Te Fè L

1. Zanmi Jezi te resisite a (Jan 11:43-44).
2. Montay kote dife Bondye te boule yon sakrifis mouye (1 Wa 18:19, 36-38).
3. Aparans lame ak cheval epi machin dife ki te pwoteje Elize ak sèvitè li (2 Wa 6:15-17).
4. Pwofèt ke Bondye te itilize pou leve pitit vèv la (1 Wa 17:22).
5. Lanmè ki te louvri pou pèp Bondye a te ka chape anba lame ejipsyen an (Egzòd 14:21-22; 15:4).
6. Sa Pyè ak Jan te fè pou yo te ede yon nonm kokobe (Travay 3:1-7).
7. Youn nan manje ke Jezi te miltipliye pou te bay senk mil moun manje (Mak 6:41).
8. Sa ki te resisite Jezi (Travay 2:32).
9. Rivyè ki te sispann kous li pou bay Jozye ak pèp izrayèl la pase a (Jozye 3:15-16).

Rezoud soup lèt sa yo pandan w'ap itilize 9 kle.

Bondye te moutre POUVWA LI

sou
EVENNMAN YO (batay)
LANATI (lagrèl)
KLIMA (solèy la)

Pouvwa a se dwa absoli Bondye genyen pou l gouvènen sou tout bagay, san desizyon lòm oswa sikonstans pa limite li.

Sekou nou nan mitan pwoblèm yo

1. Poukisa Jozye te ede moun Gabawon yo?

2. Poukisa Bondye te voye lagrèl?

3. Dapre opinyon w, poukisa Bondye pa toujou fè mirak pou l akonpli plan l yo?

Bondye mèvèy nou an

1. Kisa mo souveren an vle di pou ou?

2. Kijan souveren Bondye a ede nou?

3. Anpil fwa nou rele "souveren" a wa ak rèn paske yo gen kontwòl peyi yo. Bondye se souveren.
Kijan relasyon n ta dwe ye avèk li?

KIJAN W SANTI W?

Antoure pawòl ki eksprime sa w santi a lè w vin konnen ke Bondye nou an souveren li kapab fè anpil mirak.

Lajwa
Sezisman
Lawont
Tristès
Fòs
Antouzyas
Konfizyon
Lògèy
Pè

Paske Jewova Bondye w la renmèt yo nan men w. (Jozye 10:19b).

Leson 20

YON BON KÒMANSMAN POU SAMSON

KISA W PANSE?

Dakò | Pa dakò

1. Kòm kretyen, mwen lib pou m fè tout sa m vle.

2. Kòm kretyen, mwen dwe mande padon si m fè peche.

3. Bondye pa mele nan gade kijan m ap viv.

4. Bib la gen egzijans ki twò rèd se sak fè moun yo jwenn li difisil pou yo akonpli li.

5. Pa mwayen Sentespri a, Bondye ban nou pouvwa pou nou viv apa.

6. Bondye vle pou nou viv san peche.

Samson

Nasyon ki te abite tou pre pèp izrayèl yo te konn adore zidòl. Anpil nan timoun pèp izrayèl yo lè yo te grandi yo te vle imite yo. Yo te fè imaj, yo te konn mete yo nan lakou lakay yo epi yo te konn mete ajenou devan yo pou adore yo. Kòm yo te ale lwen Bondye, li te pèmèt yo te gen anpil pwoblèm. Nan zòn tou pre se la filisten yo te abite, yo te fò epi kriyèl. Yo te domine branch fanmi izrayèl yo ki t ap viv bò la a pandan 40 lane. Filisten yo te konn adore fo dye Dagon an. Zidòl sa a te gen figi ak men moun, epi kò pwason. Filisten yo te konstwi yon gwo tanp pou Dagon nan kapital li a.

Sepandan, se pa tout izrayelit yo ki te konn adore zidòl. Kèk nan yo te renmen epi sèvi Bondye. Pami yo nou jwenn Manwak ak madanm li, yon koup ti granmoun ki pat gen pitit. Yon jou, zanj Seyè a parèt devan madanm lan li di l konsa: "Ou pat janm ka fè pitit, pa vre ?Men ou pral vin ansent, ou pral fè yon pitit gason. Piga w janm bwè diven, ni okenn lòt bwason ki pou fè ou sou. Ni tou, piga ou manje anyen ki pa bon pou moun k ap sèvi Bondye manje. Paske w pral ansent, ou pral fè yon pitit gason. Piga w janm koupe cheve nan tèt li, paske depi nan vant manman l se yon gason k ap viv apa pou Bondye tankou nazirit yo l ap ye, se li menm ki pral kòmanse travay pou delivre pèp izrayèl la anba men moun Filisti yo". Lè li te di Manwak sa, li te priye konsa: "Mèt mwen, tanpri fè moun Bondye ou te voye a vin bò kote nou ankò pou l ka di nou kisa pou n fè pou ti gason ki pral fèt la".

Pandan madanm lan te nan jaden an, zanj lan te retounen vin kote l ankò, lè sa a fanm lan te kouri al chèche mari li. Manwak te mande zanj lan : "Lè pawòl ou a akonpli, nan ki fason timoun sa a pral viv, epi nou menm tou kisa nou dwe fè ak li ?"

Zanj lan te reponn li: "Madanm ou va pran prekosyon nan tout sa mwen te di l yo".

Apresa a Manwak ak madanm li ofri sakrifis bay Bondye. Lè flanm nan t ap soti sou lotèl la pou moute nan syèl, Manwak ak madanm li te wè zanj lan k ap moute nan flanm dife a.

Apre yon ti tan, madanm Manwak fè yon pitit gason epi li te rele l Samson. Paran l yo te leve li dapre ve nazirit yo. Yo pat janm koupe cheve nan tèt li ; yo pat konn kite l manje enpi ni bwè okenn kalite diven; li pat ka touche kadav nonplis. Sa a yo se kèk nan restriksyon ke nazirit yo te dwe akonpli. Samson te grandi ak fòs epi Bondye te beni li. (Jij 13:3-24)

Nouvo Testaman pale nou de lòt nazirit.

Zakari te pati ale nan mòn yo pou akonpli sèvis li kòm prèt. Kòm te gen anpil prèt, li te retounen pou l ministre.

Zakaria ak madanm li Elizabèt te renmen epi sèvi Bondye, yo t ap tann larive Mesi a, men yo pat gen pitit. De fwa pa jou Zakari te konn pran chabon dife sou lotèl la epi pote yo nan sanntyè a pou ofri lansan bay Bondye. Yon jou, pandan l t ap antre nan sanntyè a, Zakari wè yon zanj epi li te pè.

Zanj lan te di l konsa: "Ou pa bezwen pè, paske yo tande priyè w epi madanm ou Elizabèt pral fè yon pitit

ak Jan

gason, ou va rele l Jan. Ou pral gen lajwa ak kè kontan, epi anpil moun pral nan lajwa lè li va fèt, paske li va yon moun espesyal devan Bondye. Li pa dwe bwè diven, li pral ranpli ak Sentespri a depi nan vant manman l. Li pral fè anpil moun nan pitit izrayèl yo konvèti nan Seyè a, Bondye yo a. epi li prale devan li plen ak Espri epi pisans Eli a, pou fè kè timoun yo vin jwenn paran yo ankò epi rebèl yo nan pridans jis yo, pou prepare yon pèp ki prè pou Bondye".

Kòm sa zanj lan t ap di Zakari a te sanble enkwayab, poutèt sa li mande : "Kijan m ap fè konn sa? Paske mwen fin vye epi madanm mwen fin antre nan laj tou". Zanj la te reponn li: Mwen se Gabriyèl, se devan Bondye mwen kanpe la, yo te voye mwen vin la pou m ba ou bon nouvèl sa a yo.

Kounye a, poutèt ou pat kwè nan pawòl mwen yo, yo menm ki pral fèt nan lè yo, w ap rete bèbè jouskaske timoun nan fèt". Moun sa a yo ki te nan lakou tanp lan te wè Zakari te mize anpil nan sanntyè a. Lè li te resi soti, li pat kapab pale, li te sèlman t ap fè siy. Konsa yo te konprann "ke li te fè yon vizyon".Lè li te fin fè travay li, li t ale lakay li. Yon ti tan apre, madanm li, Elizabèt, akouche epi fè yon pitit gason.

Dapre koutim jwif la, papa dwe bay timoun nan non apre wit jou lè li fin fèt. Jou sa a anpil fanmi ak zanmi te vini epi ap tann pou timoun nan pote non papa li.

Lè Elizabèt te anonse yo ke non timoun nan se Jan yo tout te gade Zakari pou wè reyaksyon li. Men li te ekri nan yon tab wòch : "Se Jan li rele". Konsa li vin ka pale epi li te adore Bondye. Apresa, li te pwofetize ke pitit li a t ap ale devan Seyè a pou prepare chemen an. Jan ta pral anseye moun ke li ta kapab sove si li repanti de peche li.

Li te grandi ak fòs. Epi lè li te genyen 30 lane, li te kite kay li epi kòmanse preche bò larivyè Jouden an. Moun te soti tout kote pou vin tande li, epi li te batize sa a yo ki te repanti de peche yo. Yon jou Jan te gen privilèj pou batize Jezi. Kòm li t ap batize moun yo, yo te rele l Jan Batis (Lik 1:13-24, 57).

Nan kisa mesye sa yo te sanble?

Nan kisa yo te diferan?

Chè mwen menm :

Mwen eseye mennen yon lavi san peche.
Kèk fwa ...

Okontrè, kòm moun ki rele nou an sen, nou menm tou se pou nou sen nan tout fason n ap viv.
(1 Pyè 1:15)

Nenpòt sitiyasyon ki parèt devan mwen, m ap degaje m gran mèsi Kris la ki ban mwen fòs kouraj
(Filipyen 4:13).

Leson 21

YON NONM KI GEN ANPIL FÒS

Privilèj yo ak responsablite mache ansanm. Si w vle ke paran w yo oswa pwofesè w ba ou privilèj ou dwe demoutre ke ou se yon moun ki responsab. Ekri fòm ou ka demoutre ou responsab.

MWEN KAPAB . . .

Reponn ak jantiyès lè yo poze m' yon kesyon.

E
S
B
M
R
R
P
B
L
P

Yon final diferan pou listwa

Kòmanse depi lè Samson te bezwen yon fanm filisten pou madanm li, ekri kijan istwa sa t ap ye si li te pran bon desizyon yo.

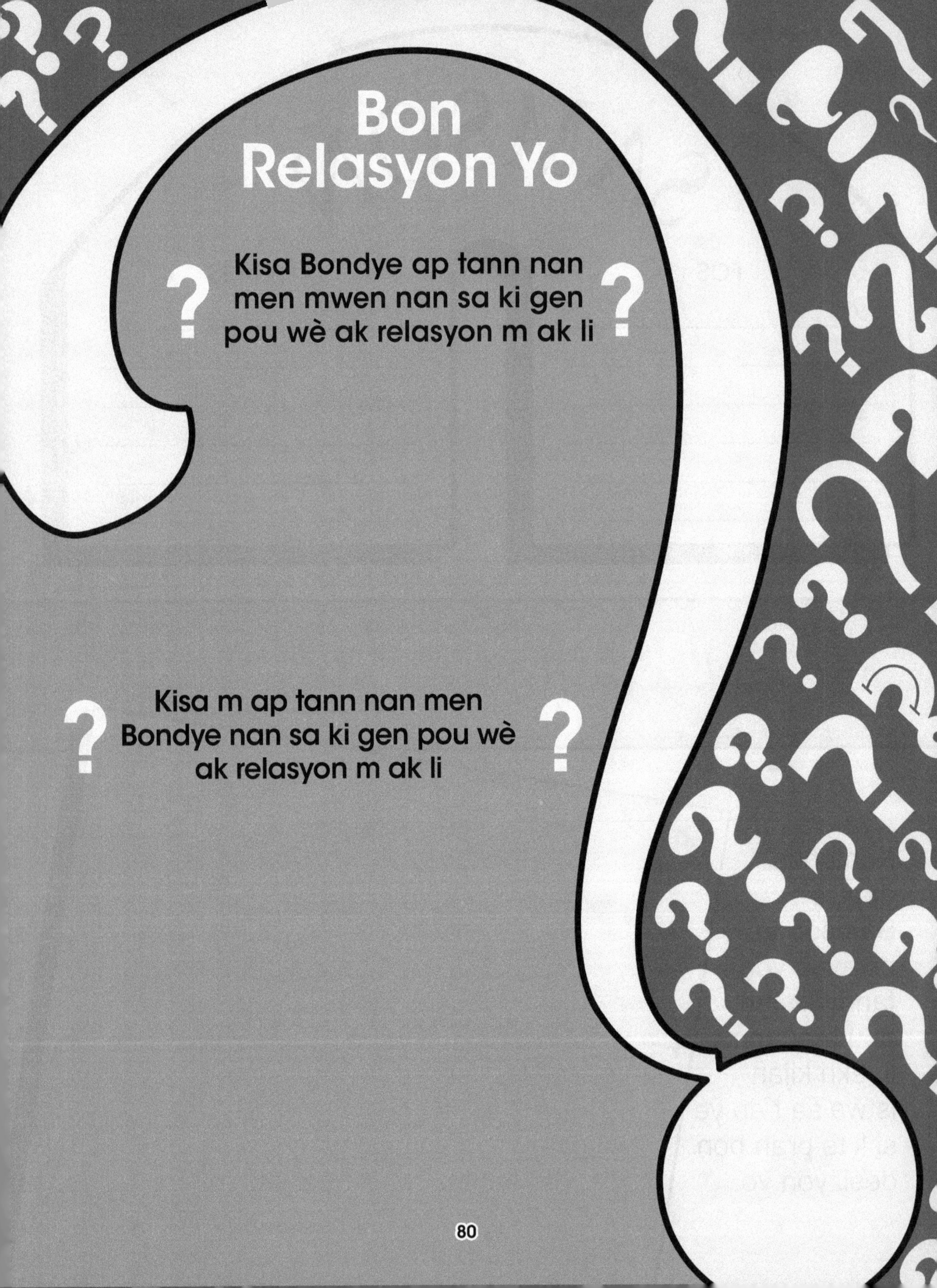

Leson 22

YON GOW PÈT

Kisa k te rive Samson?

Rakontè: Samson te tonbe damou pou yon fi k te rele Dalila. Chèf filisten yo te al vizite li pou yo te negosye ak li.

Filisten yo: Se te yon fason pou yo te mennen ankèt sou sekrè fòs li a. konsa n ap kapab venk li. Si ou fè sa, nou chak ap ba ou mil san sik ajan.

Rakontè: Dalila te bezwen lajan an, konsa li t ap fè fason pou Samson te ba li sekrè a.

Dalila: Dim sekrè fòs ou a epi kòman moun kapab mare w pou lòt moun ka domine w.

Samson: Si yon moun mare m ak sèt menb vèt ki poko fin sèch, konsa, m ap pèdi fòs epi m ap vin menm jan ak nenpòt gason.

Rakontè: Chèf filisten yo te pote sèt menb vèt ki pot ko sèch, epi Dalila te mare Samson pandan yon bann filisten te kache pou yo tann li.

Dalila: Samson , filisten yo la !

Rakontè: Samson te leve epi kase menb yo byen fasil. Dalila te santi desepsyon lè li wè Samson pat ba li verite a. Konsa li te retounen mande li sekrè a.

Dalila: W ap fawouche m epi ou twonpe m. Ann ale, di m kijan yo kapab mare w.

Samson: Si yo mare m ak kòd tou nèf ki poko janm sèvi, konsa, m ap pèdi fòs epi m pral menm jan ak nenpòt gason.

Rakontè: Dalila te mare Samson ak kòd nèf yo epi, menm jan ak lòt fwa, filisten yo te rete kache nan chanm lan.

Dalila: Samson, filisten yo la !

Rakontè: Samson te kase kòd yo se te kòmsi se te yon ti fil a koud.

Dalila: Ou retounen fawouche m ankò! Ou dwe di m kijan yo ka mare w.

Samson: Ou dwe trese sèt très tèj nan cheve wmen ak fil tèj la, epi ou taasire ak yon estak. Konsa m va pèdi fòs mwen.
Rakontè: Pandan Samson t ap dòmi, Dalila te fè sa l te di a.
Dalila: Samson, filisten yo ap atake w !
Rakontè: Menm kote a Samson te leve epi rache machin nan ak tout gawòt la.
Dalila: Bay manti ! Kijan w di ou renmen m? Ou pase m nan fawouch twa fwa, epi jous kounye a ou poko di m kijan w fè gen tout fòs sa a yo.
Rakontè: Dalila kontinye poze kesyon, pandan l ap poze menm kesyon an tout tan. Finalman, Samson pat ka reziste ankò epi li te oblije bay sekrè a.
Samson: Pa gen moun ki te janm koupe cheve m, paske depi anvan mwen te fèt mwen te konsakre kò m nazirit devan Bondye. Si yo koupe cheve mwen m ap pèdi fòs epi m ap vin fèb manm jan ak tout gason.
Rakontè: Dalila te rann li kont ke fwa sa a li te ba li verite a. Konsa li te voye di chèf filisten yo : "kounye a se serye, nou mèt vini, paske Samson devwale m sekrè a !" Yo te rive ak lajan nan men yo. Dalila te fè Samson kouche ak tèt li sou janm li yo, epi li te rele yon nonm pou te koupe sèt très nan tèt li yo.
Dalila: Samson, filisten yo atake w!
Samson: (Pandan li pantan li di) mwen pral chape menm janm m te fè li nan lòt okazyon yo.
Rakontè: Fwa sa a fòs la te abandone Samson. Filisten yo te mete men sou li, yo te rache de grenn je li epi ale ak li nan Gaza. La, yo te mete l anba chenn ki fèt ak bwonz, yo te mete l travay nan moulen prizon an. Sepandan, cheve l te kòmanse ap pouse ankò.
Rakontè 2: Chèf filisten yo te deside selebre viktwa a epi ofri sakrifis bay Dagon, paske yo te panse ke zidòl yo a te renmèt lennmi

yo nan men yo ki se Samson.
Nan mitan fèt la yo te mande pou yo te vini ak Samson pou yo te pase l nan rizib. Apresa a yo te mete li nan mitan de poto. Konsa Samson te di jèn bray ki te mennen l lan konsa:
Samson: Mete m kote m kapab touche poto yo ki kenbe kay la. Mwen vle apiye nan yo.
Rakontè 2: Kay la te plen fanm ak gason, epi tout chèf filisten yo te rankontre la. Nan chanmòt anlè a te gen prèske twa mil moun ki t ap fete paske yo te wè Samson.
Samson: Seyè, mwen priye w pou w sonje m sèlman yon fwa anplis, epi ban m fòs pou m fè revanj sou filisten sa a yo pou sa yo fè ak je m yo.
Rakontè 2: Samson te frape de poto mitan yo ke kay la se sou li te kanpe, epi li te apiye men li sou yo.
Samson: Se pou m mouri ak filisten yo!
Rakontè 2: Ebyen, li te pouse ak tout fòs li, se konsa kay la te tonbe sou tout chèf filisten yo ak tout moun ki te la. Plis moun te mouri jou sa a pase kantite moun Samson te touye pandan tout lavi li (Jij 16).

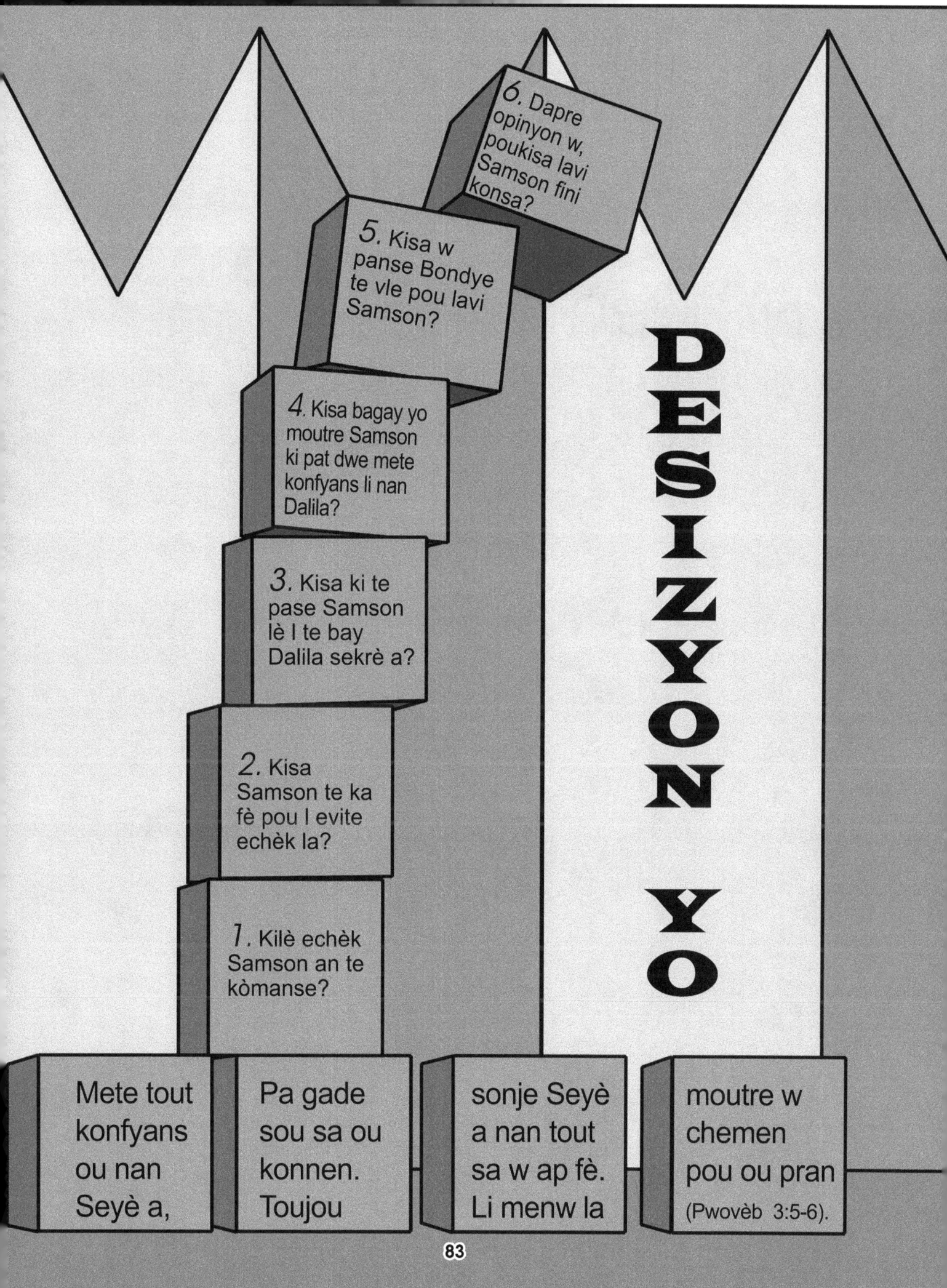

Ou te memorize:

Filipyen 4:13

Jan 11:25-26

Pwovèb 3:5-6

Leson 23

INITE V
KREYASYON AN

GRAN KREYATÈ NOU AN

Ala LAVI !

Pye bwa yo fè pati kreyasyon Bondye a.

Dapre opinyon w, poukisa Bondye te kreye pyebwa yo ?

Poukisa pye bwa yo enpòtan nan kreyasyon an?

Dapre opinyon w, pou kisa Bondye te kreye tout pye bwa sa a yo?

Kisa nou kapab aprann sou Bondye pa mwayen pyebwa li te kreye yo?

Kontinye pis yo

Sou ki fòm moun ki fè moun kapab endike w ki klas moun li ye?

JWENN REPONS POU KESYON W YO

KREYE, KREYE
Sòm.	51:10	Kreye nan mwen, o Bondye, yon kè ki pwòp.
Ef.	2:15	Pou kreye nan li menm.

KREYE, SA KI KREYE, SA KI KREYE YO
Jen.	1:1	Nan kòmansman Bondye te kreye syèl yo.
Jen.	1:27	Ak pòtre Bondye yo te kreye.
Jen.	1:27	Gason ak Fanm li te kreye yo.
Mal.	2:10	Èske se pa menm Bondye ki te kreye nou?
Kol.	1:16	Se nan li tout bagay te kreye.
1 Ti.	4:4	Tout sa Bondye kreye bon.
Ap.	10:6	ki kreye syèl la ak tout sa ki ladan l.

KREYASYON
Jen.	2:3	Li te repoze de tout travay li...nan kreyasyon an.
Mak.	10:6	Nan kòmansman kreyasyon an, gason ak fanm li te fè yo.
Mak.	13:19	Kòmansman kreyasyon an ke Bondye te kreye.
Wo.	1:20	Vizib depi nan kreyasyon mond lan.
Kol.	1:15	premye nan tout kreyasyon an.

KREYATÈ
Jen.	14:19	Kreyatè syèl la ak tè a.
Ek.	12:1	Sonje kreyatè w la.
1 P.	4:19	Remèt nanm yo nan men Bondye ki se kreyatè yo

Mete yon ti nòt a kote chak fraz pou bay referans de yon vèsè ki bay menm lide a:

1. Bondye te kreye mond lan. _____

2. Tout sa Bondye te kreye bon. _____

3. Bondye te kreye n ak imaj li. _____

4. Nan setyèm jou a, Bondye te repoze de tout travay li nan kreyasyon an. _____

5. Sonje kreyatè w la pandan w jenn. _____

6. Depi nan kreyasyon mond lan, kalite envizib Bondye yo te manifeste klèman. _____

Kisa kreyasyon an anseye w osijè de:

1. Bondye kòm moun?

2. Lòd Bondye?

3. Lanmou li pou sa ki bèl?

4. Imajinasyon ak kreyativite li?

5. Jan l pran swen moun?

6. Pouvwa ak otorite li?

Leson 24

SE PA YON KOUT CHANS

MENM JAN oswa diferan?

Afimasyon biblik yo:

Men latè pat gen fòm, li pat gen anyen sou li. Fènwa te kouvri toupatou sou labim nan (Jenèz 1: 2).

Bondye di :Se pou limyè fèt (Jenèz 1: 3). Apresa a Bondye di ankò : Se pou gen yon vout (Vout) nan mitan nan tout dlo yo, epi divize dlo a ak dlo yo. Ki te sou ekpansyon an.Epi se konsa li te fè. Konsa Bondye te rele ekspansyon an (syèl) epi li te separe dlo a ki te anba soti nan dlo a ki te sou ekspansyon an. Epi se sa k te fèt. Bondye rele vout la syèl (Jenèz 1: 6-8a).

Apresa a Bondye di ankò : Se pou tè a kale zèb vèt, zèb ki bay grenn; pyebwa ki bay fwi dapre kalite yo (Jen 1:11).

Bondye di ankò: Se pou gen limyè nan tout ekspansyon syèl la ki pou separe la jounenak lannwit, epi sèvi kòm siy pou sezon, ak jou yo, lane, epi yo pou limyè nan syèl la klere tout latè (Jenèz 1: 14-15).

Bondye di ankò: Se pou dlo yo pwodwi èt vivan, ak zwazo ki pou vole sou latè nan syèl la ak nan tout ekspansyon yo ki louvri nan syèl la (Jenèz 1:20).

Bondye di ankò: Se pou bèt vivan kale sou latè dapre kalite yo, bèt ak koulèv ak bèt ki sou tè a dapre kalite yo (Jenèz 1:24).

Se konsa, Bondye te kreye moun ak pwòp imaj li; imaj Bondye li te kreye l; gason ak fi li te kreye yo (Jenèz 1:27).

Afimasyon syantifik yo:

Yon kwayans ki komen se sa yon "èt ki se yon dye "li te fè tout sa ki vivan. Pliske evennman sa a yo se bagay ki sinatirèl yo ye, yo pa kapab pwouve yo ak lasyans; sa vle di n pa kapab repete yo ni detekte yo ak sans nou. Gen de ipotèz prensipal ki egziste sou orijin lavi. Youn te fè konnen ke sa fè plizyè milyon lanne ke atmosfè latè te byen diferan ak sa kounye a. olye li te fèt ak oksijèn epi nitwojèn, yo panse ke li te gen yon gwo kantite dioksid kabòn, vapè dlo, amonyak ak metàn. Pètèt reyon yo te fè sibstans sa a yo mele, fè yon fòmasyon chimik pou vin tankou poteyin. Pandan plizyè mil lane, bagay sa a yo vin fè yon sèl, pandan yo vin bay nesans ak selil ki kapab kontinye ak rès posesis lavi. Dezyèm ipotèz la fè konnen ke lavi sou latè te koumanse pa mwayen meteyorit yo, deja ke nan kèk yo te jwenn chimik ki pwodwi poteyin. Nan tan pase yo, anvan ke èt imen ak dinozò yo te mache sou latè, se nan lanmè ansyen yo sèlman ki te gen lavi.

KESYON SOU KREYASYON AN

GWOUP 1 Li Jòb 38:1-11.

1. Ki bagay ki nan kreyasyon an vèsè sa a yo mansyone?

2. Kisa sa vle di lè Bondye di ke li te fonde latè, li te dispoze mezi li epi mete ansyon wòch la ?

3. Kijan w panse Jòb te santi l lè Bondye te poze l kesyon sa a yo ?

4. Kisa vèsè sa a yo di w osijè de Bondye?

GWOUP 2 Li Sòm 95:3-5; 102:25-27.

1. Ki bagay ki nan kreyasyon an vèsè sa a yo mansyone?

2. Ki santiman oswa emosyon de pasaj sa a yo eksprime?

3. Kisa vèsè sa a yo di w osijè de Bondye?

GWOUP 3 Li Ezayi 48:12-13; Jeremi 10:11-13.

1. Ki bagay ki nan kreyasyon an vèsè sa a yo mansyone?

2. Nan kisa Bondye diferan de zidòl yo oswa fo dye yo?

3. Kisa vèsè sa a yo di w osijè de Bondye?

Kilès nan fraz sa a yo ki reprezante yon pwen de vi syantifik?

- Bondye pat gen anyen pou wè ak kreyasyon an.
- Premye fòm lavi a te egziste nan lanmè.
- Dlo a fèt ak de molekil idwojèn ak youn oksijèn.
- Bondye pa egziste.
- Lòm te rive sou latè apre bèt yo.

ÈSKE W KAPAB ESPLEKE...

...Kijan televizyon fè resevwa sinyal epi transfòme l an imaj ak son?

Èske sa anpeche w gade televizyon?

...Kijan fè lè yo mele engredyen yo sa fè yon chokola byen gou?

Sa anpeche w manje dous la?

...Kijan Bondye te kreye syèl yo ak tè a?

Sa anpeche w kwè se Bondye k' te kreye yo?

Leson 25

NOU ESPESYAL

NON AK MALONÈT

1. Kisa ki fè gen moun ki santi yo pa vo anyen?

2. Kisa moun yo fè pou yo jije valè yo genyen?

Kisa

IMAJ BONDYE A YE?

Mo "Imaj" gen ladan l resanblans yon moun oswa yon bagay ak lòt, oswa parèy oswa prezantasyon. Imaj Bondye nan yon moun pa yon bagay ki fizik, paske Bondye se Lespri, san fòm fizik. Li te vle pou lòm te gen menm nati espirityèl sa. Se sa k ap rann li siperyè pase tout lòt kreyati sou latè. Anplis de sa, li pèmèt li pale epi genyen yon kominyon ak kreyatè li. Lòm gen kapasite entèlektyèl; sa vle di, kapab konnen, rezone, imajine, sonje, jije ak deside ak tout libète. Lòm kapab reflete imaj moral Bondye. Akoz de peche li pèdi sentete orijinal la, men li kapab mande padon epi restore relasyon an ak Bondye. Nan grandi ak pran dimansyon, kretyen an reflete resanblans Bondye a pi byen. Anpil fwa yo itilize mo "Imaj" lè y ap pale de repitasyon yon moun. "Genyen yon bon imaj" de yon moun sa vle di gade moun sa ak anpil valè. Kretyen yo kapab aplike sa nan lavi kretyen an, paske yo dwe gen konsyans de enpresyon ke aparans yo ak kondwit yo kite nan lòt yo. (Siyati R.S. Taylor, J. K. Grider y W. H. Taylor, reds., Diksyonè Teoloji Bikonn, Kansas City: MPN, 1995, pp. 350-351).

Pase yon trè anba frez anlè yo ki reponn kesyon sa a yo:

1. Èske Bondye gen kò menm jan ak lòm?

2. Nan kisa moun diferan de bèt yo?

3. Kijan ou menm ou kapab reflete imaj Bondye?

Leson 26

PYÈJ PECHE A

Poukisa li · te · tèlman · mal · pou · manje · yon · fwi?

Seyè a, Bondye a pran nonm nan, li mete l nan jaden Edenn nan pou l travay li, pou l pran swen l. Seyè a, Bondye a bay nonm lan lòd sa a: ou mèt manje donn tout pyebwa ki nan jaden an. Men, piga ou manje pyebwa ki fè moun konnen sa ki byen ak sa ki mal la. Paske, jou ou manje l, w ap mouri (Jenèz 2:15-17).

TANTASYON PYÈJ

Èske Rodrigo ap kapab travèse chan a san tantasyon?

Li vèsè yo pou wè ki kalite tantasyon Adan e Èv te fè fas.

Sou ki fason jèn timoun yo ap fè fas ak tantasyon sa a yo kounye a?

Èske Bondye te di sa vre? (Jenèz 3:1)

Bondye pat di nou verite a. (Jenèz 3:4)

Bondye pa vle nou jwenn bagay ki bon an. (Jenèz 3:5)

Ta sanble li gou anpil! Yon bagay ki sanble bon konsa pa ka pa bon! (Jenèz 3:6)

Konvenk lòt pou fè menm bagay la! (Jenèz 3:6)

DANJE! PI OUVRI!

Kisa w fè fas ak TANTASYON AN?

Kijan Bondye ede nou lè nou anba tantasyon?

Ekri yon A si w dakò ak fraz la
Ekri yon D si w pa dakò.

____ Sentespri a ede nou konnen si yon aksyon bon oswa pa bon.

____ Depi kretyen an deside reziste devan tantasyon an, Bondye ap ba li fòs pou l kanpe fèm.

____ Bondye kapab vin pètèt pa yon mirak pou l elwaye tantasyon a.

____ Si Bondye elwaye tantasyon an, ebyen se fòt li si nou tonbe.

____ Lè n ap fè fas ak yon tantasyon, Bondye kapab ede nou sonje vèsè biblik ki pale de sa.

____ Bondye ap bay fason pou n chape anba tantasyon an, men nou menm nou dwe jwenn wout la epi itilize li.

KISA KI KA PASE SI W TONBE?

Kòman w kapab restore relasyon w ak Bondye?

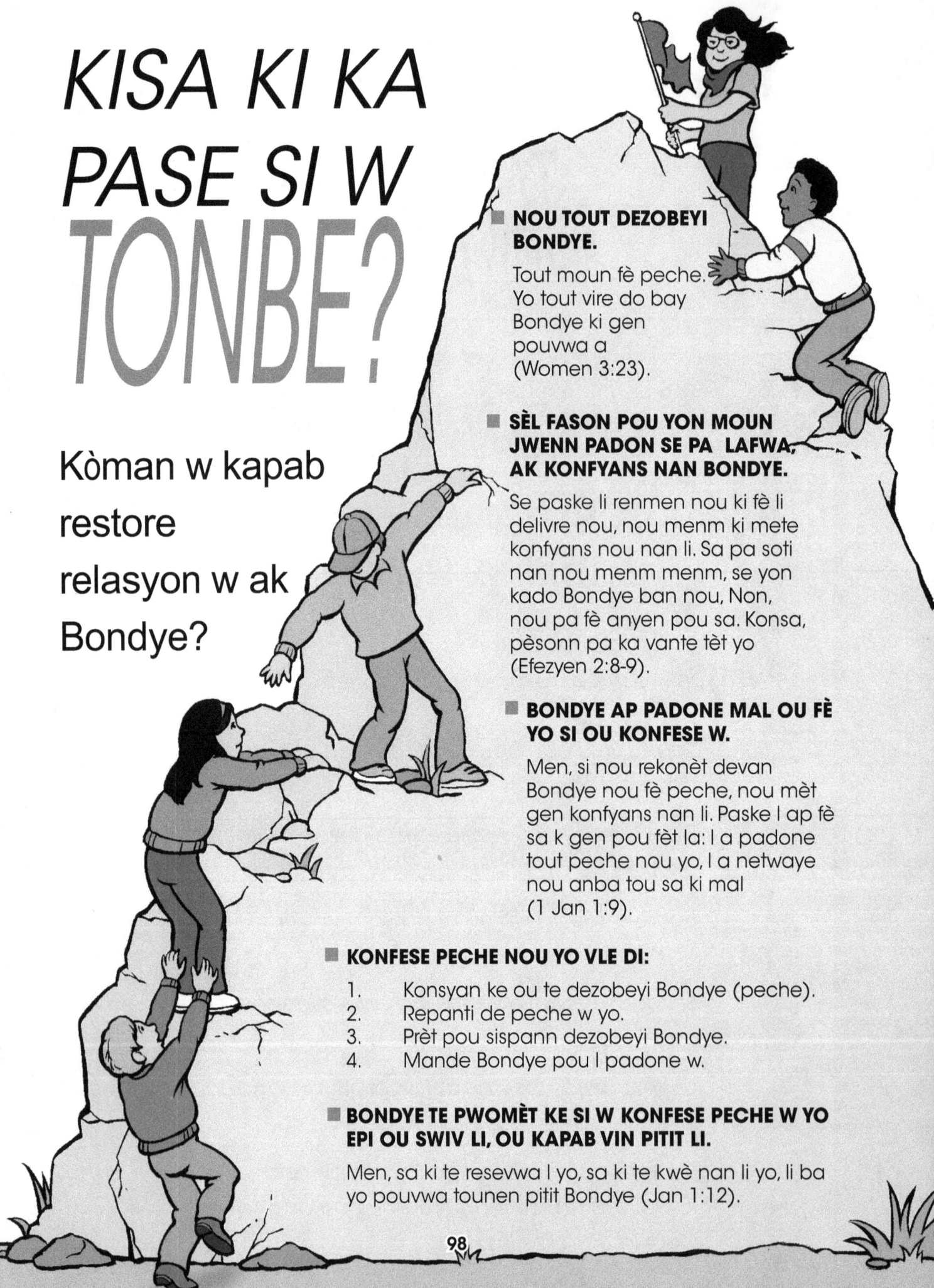

■ **NOU TOUT DEZOBEYI BONDYE.**

Tout moun fè peche. Yo tout vire do bay Bondye ki gen pouvwa a (Women 3:23).

■ **SÈL FASON POU YON MOUN JWENN PADON SE PA LAFWA, AK KONFYANS NAN BONDYE.**

Se paske li renmen nou ki fè li delivre nou, nou menm ki mete konfyans nou nan li. Sa pa soti nan nou menm menm, se yon kado Bondye ban nou, Non, nou pa fè anyen pou sa. Konsa, pèsonn pa ka vante tèt yo (Efezyen 2:8-9).

■ **BONDYE AP PADONE MAL OU FÈ YO SI OU KONFESE W.**

Men, si nou rekonèt devan Bondye nou fè peche, nou mèt gen konfyans nan li. Paske l ap fè sa k gen pou fèt la: l a padone tout peche nou yo, l a netwaye nou anba tou sa ki mal (1 Jan 1:9).

■ **KONFESE PECHE NOU YO VLE DI:**

1. Konsyan ke ou te dezobeyi Bondye (peche).
2. Repanti de peche w yo.
3. Prèt pou sispann dezobeyi Bondye.
4. Mande Bondye pou l padone w.

■ **BONDYE TE PWOMÈT KE SI W KONFESE PECHE W YO EPI OU SWIV LI, OU KAPAB VIN PITIT LI.**

Men, sa ki te resevwa l yo, sa ki te kwè nan li yo, li ba yo pouvwa tounen pitit Bondye (Jan 1:12).

Leson 27

BONDYE TE BAN NOU YON MISYON

REPÒTAJ DEPI NAN LESPAS

1. Ki karakteristik ou wè sou tè a ki fè w sezi?

2. Kijan abitan latè yo ap itilize mond pa l la?

3. Kijan y ap abitan yo ap pwoteje mond yo a?

SE POU W RESPONSAB ANSANM AK BONDYE

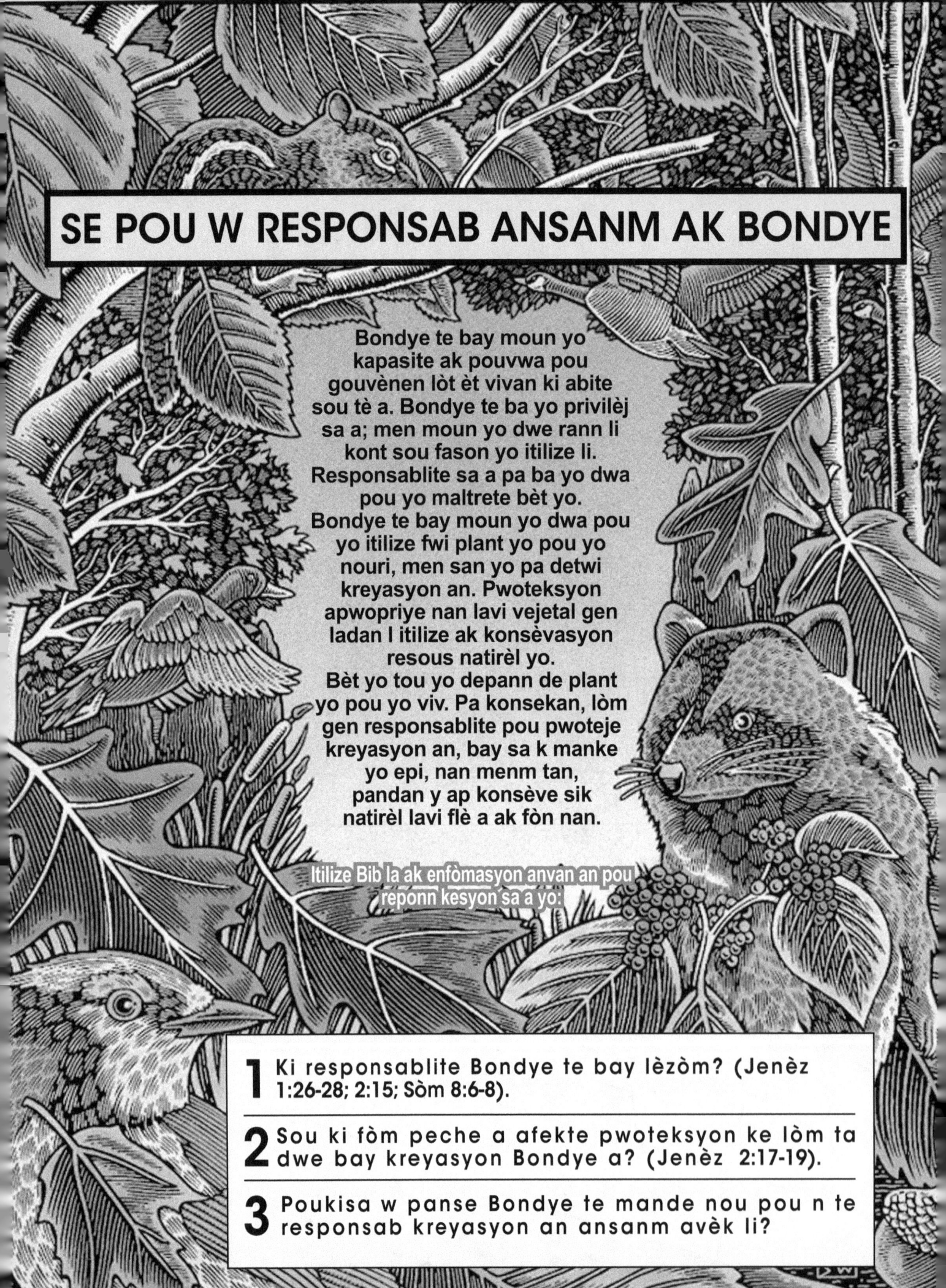

Bondye te bay moun yo kapasite ak pouvwa pou gouvènen lòt èt vivan ki abite sou tè a. Bondye te ba yo privilèj sa a; men moun yo dwe rann li kont sou fason yo itilize li. Responsablite sa a pa ba yo dwa pou yo maltrete bèt yo.
Bondye te bay moun yo dwa pou yo itilize fwi plant yo pou yo nouri, men san yo pa detwi kreyasyon an. Pwoteksyon apwopriye nan lavi vejetal gen ladan l itilize ak konsèvasyon resous natirèl yo.
Bèt yo tou yo depann de plant yo pou yo viv. Pa konsekan, lòm gen responsablite pou pwoteje kreyasyon an, bay sa k manke yo epi, nan menm tan, pandan y ap konsève sik natirèl lavi flè a ak fòn nan.

Itilize Bib la ak enfòmasyon anvan an pou reponn kesyon sa a yo:

1 Ki responsablite Bondye te bay lèzòm? (Jenèz 1:26-28; 2:15; Sòm 8:6-8).

2 Sou ki fòm peche a afekte pwoteksyon ke lòm ta dwe bay kreyasyon Bondye a? (Jenèz 2:17-19).

3 Poukisa w panse Bondye te mande nou pou n te responsab kreyasyon an ansanm avèk li?

> Bèt sa a yo nan **Zòn FÈMEN** an danje EKSTANSYON

Fè desen oswa ekri nan kalòj anlè a non bèt ki an danje yo.

ESPÈS AN DANJE EKSTANSYON

Fè desen oswa ekri nan kalòj anlè a non bèt ki an danje ekstansyon.

JOUNAL POU PREADOLESAN YO KI SWETE PWOTEJE KREYASYON AN

Vol. 1 N°

POUKISA NOU DWE PWOTEJE MOND NOU AN?

KISA NOU KAPAB FÈ POU NOU PWOTEJE MOND PA NOU AN?

KAT DE EVALYASYON

	BYEN	PLIS OU MWENS	MAL
Plant yo			
Bèt yo			
Pwason yo			
Zwazo yo			
Dlo			
Atmosfè			
Resous natirèl yo			
Kòmantè yo			

Leson 28

INITE VI
SE POU NOU VIV TANKOU JEZI

YON VI KI DIFERAN

NAN SA...

Kòman Jan te demontre li te "pitit Tonè"?

Mak 9:38-40.
Mak 10:35-43.
Lik 9:51-56.

PITIT TONÈ
APOT LANMOU

Kòman Jan te demontre lanmou li?

Jan 19:25-27.
Jan 20:1-9.

NAN SAA

EVIDANS

... Lavi Jan

Li vèsè yo epi esplike kijan nou wè chanjman lavi Jan.

Jan te vle yon pozisyon enpòtan nan wayòm Bondye a.	1 Jan 2:16-17.
Jan te gen yon konpòtman egoyis.	1 Jan 5:14.
Jan te vle pou l te vanje l de samariten yo ki te refize Jezi.	1 Jan 4:19-21.
Konpòtman Jan yo pat toujou tankou pa Kris la.	1 Jan 1:9.

CHANJMAN

▼ ...nan lavi preadolesan yo

Pale de yon jèn timoun ki gen menm pwoblèm avèk Jan.

Egzanp yon pwoblèm ki te rive lè yon moun te vle vin enpòtan:
Carlos te vle vin pi bon jwè nan ekip la epi fè plis gòl. Ekip li a te pèdi opòtinite fè fè gòl paske li pat vle fè pas pou konpayèl li yo. Lòt jwè yo te fache sou Carlos pou fason li te jwe.

Egzanp de yon pwoblèm ki te rive pa egoyis:

Egzanp de yon pwoblèm ki te rive nan anvi fè revanj:

Egzanp de yon pwoblèm ki te rive pou yon konpòtman payen:

> Men, si n ap viv nan limyè menm jan li menm Bondye li nan limyè, lè sa a se tout bon n ap viv ansanm youn ak lòt, Pitit Bondye a, va netwaye nou ak san li anba tout peche nou yo (1 Jan 1:7).

Tout bagay sou Jan!

Tifi sa a prepare kat pou bay enfòmasyon sou evennman ki pi enpòtan yo nan lavi Jan ak sa li te ekri yo. Li yo ak atansyon pou w konnen plis sou disip sa a.

1. LAVI JAN AVAN JEZI
- Pitit Zebede.
- Frè Jak.
- Pechè pwason.
- Viv tou pre lanmè Galile a.

2. LAVI JAN AVÈK JEZI
- Jezi te rele l pou vin disip li.
- Li te ansanm ak Jezi lè l te geri pitit fi Jayiris la.
- Li te nan jaden Jestemani.
- Li te la lè yo t'ap kloure Jezi sou kwa a.
- Li te wè lè Jezi t ap moute nan syèl..

3. LAVI JAN APRE JEZI
- Li te pran swen manman Jezi.
- Li te ekri senk liv nan Ansyen Testaman.
- Yo te mete l nan prizon akoz de Kris.

4. LIV JAN YO
- Levanjil dapre Jan: Fè konnen ke Jezi se Pitit Bondye a.
- 1 Jan: Pale sou lanmou Bondye ; li mande pou nou renmen Bondye ak lòt yo.
- 2 Jan
- 3 Jan
- Revelasyon: Pale sou evennman yo ki gen pou vini ak syèl la.

5. SÈL FASON JAN POU L EKRI
- Li ekri sou esperyans pèsonèl li.
- Li refere Bondye tankou "lanmou".
- Li ekri sou Jezi tankou "Pawòl la".
- Li pale sou Sentespri a, retou Kris la ak evennman sou fen mond lan.

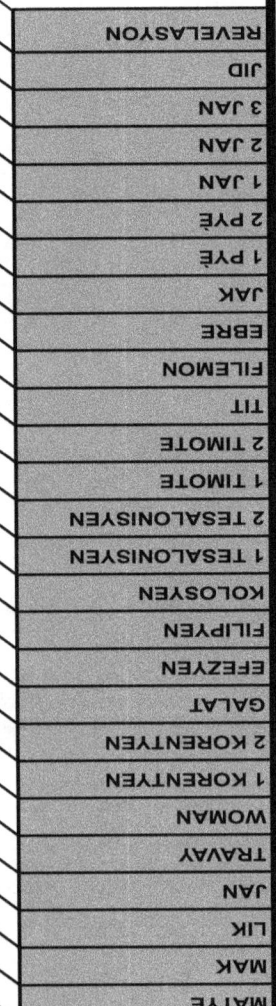

Pentire avèk yon penti ki pal senk liv ke Jan te ekri yo. Rekoupe ti bann sa epi itilize li kòm separatè (pou sinyale) nan Bib ou a, pandan w ap etidye pasaj Jan yo.

MATYE
MAK
LIK
JAN
TRAVAY
WOMAN
1 KORENTYEN
2 KORENTYEN
GALAT
EFEZYEN
FILIPYEN
KOLOSYEN
1 TESALONISYEN
2 TESALONISYEN
1 TIMOTE
2 TIMOTE
TIT
FILEMON
EBRE
JAK
1 PYÈ
2 PYÈ
1 JAN
2 JAN
3 JAN
JID
REVELASYON

Ki kote w jwenn liv JAN yo?

Leson 29

SE POU NOU VIV TANKOU JEZI

MACHE NAN LIMYÈ

Kisa sa vle di?

Li vèsè yo epi reflechi: Kisa sa vle di mache nan limyè?

Mache ak Bondye apre peche w yo fin padone
(*1 Jan 1:7*).

Viv nan obeyisans nan ansèyman Jezi yo
(*1 Jan 2:6*).

Renmen tout moun
(*1 Jan 2:10*).

Renmen Bondye pase tout lòt bagay
(*1 Jan 2:15-17*).

KSA BIB LA DI?

Li 1 Jan 1:5-10 ; 2:1-11. Apre sa a, mete chak vèsè ansanm ak sinifikasyon li.

1. Men nouvèl nou te tande nan bouch Jezikri a, nouvèl m ap fè nou konnen an: Bondye se limyè. Pa gen fènwa nan li (1 Jan 1:5).

Yon moun paka viv nan kominyon ak Bondye pandan l ap viv nan peche. Si moun sa a di li kapab fè l, se manti l ap fè.

2. Si nou di n ap viv ansanm ak li, pou anmenm tan n ap viv nan fènwa, n ap bay manti ni nan sa n ap di ni nan sa n ap fè (1 Jan 1:6).

Limyè ak fènwa se pawòl espirityèl ki itilize pou reprezante jistis ak peche. Bondye pwòp epi san peche. Li pa gen peche nan li.

3. Men, si n ap viv nan limyè menm jan Bondye li menm li nan limyè, lè sa a se tout bon n ap viv ansanm youn ak lòt. Jezi, Pitit Bondye a va netwaye nou ak san li anba tout peche nou yo (1 Jan 1:7).

Peche a kont nati Bondye. Kretyen pa dwe fè peche. Men si yon kretyen fè peche, Jezi ap priye Papa pou moun sa a.

4. Pitit mwen yo, m ap ekri nou lèt sa a pou nou pa fè peche. Men, si yon moun rive fè peche, nou gen yon avoka k ap plede pou nou bò kote papa a : se Jezikri, moun ki te mache dwat devan Bondye a (1 Jan 2:1).

Tout moun ki di yo se kretyen, men ki rayi lòt moun, l ap viv nan peche.

5. Men, moun ki obeyi pawòl Bondye a, se moun sa a ki kòmanse renmen Bondye tout bon vre. Men kijan nou ka konnen nou fè youn ak Bondye. Lè yon moun di li fè yon sèl ak Bondye, se pou l viv menm jan Jezi te viv la (1 Jan 2:5-6)

Si yon moun deside kite peche, Bondye ap padone li pa mwayen Jezikris. Konsa, moun sa a kapab genyen kominyon ak Bondye epi lòt kretyen yo tou.

6. Moun ki di yo nan limyè epi anmenm tan pou yo rayi frè yo, moun konsa nan fènwa toujou (1 Jan 2:9).

Nou kapab asire nou de kominyon nou nan Bondye si nou obeyi kòmandman li yo epi viv jan Jezi te montre nou an.

Men, si n ap viv nan limyè menm jan Bondye li menm li nan limyè, lè sa a se tout bon n ap viv ansanm youn ak lòt. Jezi, Pitit Bondye a va netwaye nou ak san li anba tout peche nou yo (1 Jan 1:7).

Moun ki di li fè yon sèl ak li, dwe mache jan l te konn mache a.

(1 Jan 2:6)

Ki konpòtman Jezi te genyen pa rapò ak moun ki te bò kote li?

Ki konpòtman li te genyen pa rapò ak Papa l ki nan syèl la?

Kòman mwen dwe viv pou mwen sanble ak Jezi pi plis?

ANN APRANN PLIS SOU LANMOU NOU NAN

Itilize konkòdans lan pou reponn kesyon sa yo:

```
1 Jan 2:5    Lanmou nBondye vin pi fò
     2:15    Pa r mond lan ni bagay ki
     3:1     Gade ki r Papa te ban nou
     3:10    Moun ki pa r frè li, pa soti nan Bondye.
     3:16    Se konsa nou konnen r
     3:18    Pa r ak pawòl ni ak lang
     4:9     Se sou sa nou wè Bondye r nou
     4:10    Se nan sa nou jwenn r, se pa paske
     4:11    Nou menm tou nou dwe r nou youn lòt.
     4:16    Bondye se r
     4:19    Nou menm nou r li, paske li
     5:3     Sa a se r pou Bondye: ke nou konsève
2 Jan 6      Epi sa a se r: ke nou mache dapre
```

Se pou referans sa yo reponn ak tout ak kesyon sa a yo. Apresa li yo nan Bib la yo, epi ekri repons yo.

1. Kijan lanmou Bondye manifeste l?

2. Eske lanmou Bondye Gran?

3. Kijan nou ka konnen lanmou bondye?

4. Kijan Bondye te montre lanmou l pou nou?

5. Kijan lòt yo ka konnen lanmou Bondye?

Bondye te montre lanmou l

Konplete vèsè sa.

Men kisa _____ ye: Se pa nou menm ki te renmen Bondye, men se li menm ki te renmen _____, epi li te voye _____ pou nou te ka resevwa padon pou _____.

(1 Jan 4:10).

Kijan preadolesan yo kapab montre lanmou yo pou Bondye?

Toujou sonje!

LANMOU SE:

_____ lè yon moun di w sa l pat dwe di w.

_____ lè ou fè yon moun sa w pat dwe fè.

_____ ak sa yo ki santi lòt fè yo mal.

_____ lanmou Bondye pou tout sa yo ou konnen.

Lanmou se sa, epi plis menm!

Kijan ou menm ou ka defini sa lanmou an ye?

> Mezanmi, si Bondye renmen nou konsa, nou menm tou se pou nou youn renmen lòt. *(1 Jan 4:11)*.

Leson 31

NAN KISA NOU KWÈ?

MWÈN KWÈ

Li kwayans de plizyè gwoup relijye yo. Mete yon kwa x kote sa yo ki pa kòrèk konfòm ak sa pawòl Bondye di a.

1 Nou kwè nan Bondye. Non li se Jewova. Jezi, Pitit Bondye a, se te premye moun ke Jewova te kreye. Avan l te trensfere lavi kòm imen, li te Akanj Migèl. Li te moutre ke moun ka rive sove pa mwayen bon zèv.

2 Nou kwè nan Bondye, Papa mond sa a. Legliz nou moutre kijan Bondye rive Bondye. Avan li te tankou nou menm, fèt ak chè ak zo. Nou kapab transfòme tankou l epi tounen yon bann dye. Jezi te imen tou. Li te espesyal paske li te premye pitit Bondye a. Se pandan, Jezi pa t yon sèl la. Nou tout nou kapab vin tankou li!

Kontinye

3 Nou kwè nan yon Bondye, yon sèl ki vrè a. Bondye nou an fèt an twa pèsòn, sa vle di, an twa men se yon sèl Bondye: Bondye Papa a, Bondye Pitit la ak Bondye Sentespri a. Bondye te deja la epi l ap toujou la. Jezikris Bondye Pitit la, te mouri pou peche nou yo. Bondye te resisite l pami mò yo. Se sèlman pa lafwa nan Jezikris nou kapab jwenn padon pou peche nou yo.

4 Nou kwè nan Bondye ki konn tout bagay epi plen ak lanmou. Jezi se te nonm ki te prezante Kris la, vrè ide Bondye a. Jezi te espesyal paske li te prezante pi byen ke tout moun vrè ide Bondye a.

5 Nou kwè nan Jezikris. Li te vini sou latè pou sove lèzòm. Se pandan, Jezi te fin travay li. Apre li te fin mouri sou kwa a, disip li yo te konvèti l kòm Bondye.

6 Nou kwè nan Kris. Nan nou chak gen yon konsyans Bondye, yon Kris. Nou dwe rankontre Kris anndan nou.

Kilès nan afimasyon sa a yo ki gen pou wè ak sa Jan te ekri yo ki se enspirasyon Bondye?

Kilès nan afimasyon sa a yo ki gen pou wè ak deklarasyon premye kretyen yo ak kwayans apot yo?

Leson 32

INITE VII
SENTESPRI A

KISA SENTESPRI A YE?

[Jezi te di:] M ap mande Papa a pou l ban nou yon lòt moun pou ankouraje nou, pou li ka toujou la avèk nou: Moun k ap viv dapre prensip lemonn pa ka resevwa l, paske yo pa ka wè l, ni yo pa ka konnen li. Men nou menm, nou konnen l paske li rete nan kè nou, paske li nan nou (Juan 14:16-17).

SENTESPRI A

Sentespri a se youn nan twazyèm moun nan trinite a. Nan tan jounen Jodi a Bondye pale ak li pa mwayen li menm. "Paraklè" se yon mo Jan te konn itilize lè l ap pale de Sentespri a ki vle di, sa k ap ede nou an, konsolatè a epi Avoka. Sentespri a se li ki la pou anseye nou, ankouraje nou, ede nou epi konsole nou. Li la pou ede tout pechè yo pou pou yo konnen Jezikri ak bòn nouvèl la. Li pale ak yo pou yo ka sove, li ede yo genyen lafwa epi transfòme sa ki kwè nan li yo. Kretyen yo se pechè yo ye ki repanti epi vin fèt an Espri. Sentespri a se yon moun ke Bondye itilize pou sanktifye kwayan yo.

1. Kijan Bondye pale ak nou nan jounen jodia?

2. Ki mo grèk ki fè referans ak Sentespri a?

3. Ki twa mo ki vle di "Paraklè"?

4. Ekri sèlman Kat bagay pou di kijan Lespri Sen an ede kretyen yo.

Kijan Lespri sen an ede nou?

1. Kisa ki koz ke ti vwalye sa kouri sou dlo a?

2. Kisa k ta pase si van ta sispann soufle?

3. Bib la di nou ke Sentespri a se tankou yon van. Konsa, mo grèk ki tradwi pou "Sentespri a" se menm mo pou "Van". Nan ki jan nou wè Sentespri a sanble ak Van nan ilistrasyon sa?

1. Ki sa ki fè fèy bwa sa yo ap fè mouvman?

2. Kòman nou ka konnen van ap soufle san nou pa wè l?

3. Kijan nou ka fè n yon paralè l ak travay Sentespri a nan nou?

1. Poukisa nou wè ti gason ki nan dezyèm figi a nou wè li dousman ak trankil?

2. Kijan ti gason an santi l san lè kondisyone a?

3. Kijan nou ta santi n si n pa genyen prezans konsolatè Sentespri a?

1. Kijan wòch sa yo fè gen fòm sa?

2. Konbyen tan ou panse yo ta bezwen pou van transfòme wòch sa?

3. Si nou ta konpare Sentespri a tankou gwo wòch sa. Kisa ilistrasyon sa anseye nou sou travay Sentespri a nan lavi nou?

ÈD POU PREADOLESAN YO

Nan dènye tan sa yo, Zanmi Dori yo envite l nan kèk seri aktivite ke li pa santi l byen. Pi bon zanmi l lan Mari, te konn fimen nan wout pou soti lekòl la pou ale lakay li. Yon jou, nan mache, zanmi l yo te ofri l yon sigarèt. Dora te panse ke si l pa aksepte l y ap di se lògèy li. Anplis de sa, nan jan li te ye ak yo, li pa vle yo fache epi kite l pou ont li.

Nan kijan Sentespri a ap ede Dora?

Kòman l ap ede l si l kite tantasyon an pote l ale?

Kòman Sentespri a ap ede l si li rete djanm epi defann sa ki dwat?

Mario se yon jenn ke tout moun konnen anpil nan lekòl epi yon kretyen ki mete l apa pou Bondye. Nan yon ti apre genyen yon elèv ki vin nan klas la ki abiye yon jan ak pale yon lòt jan. Anpil ladan yo te kòmanse ap pale l mal. Mario te vin santi l pat bon ditou nan jan yo t ap aji ak li.

Nan kijan Sentespri t ap ede Mario?

Kòman Sentespri a te kapab ede l si l pa bay vag ak tantasyon an epi pa okipe zanmi l yo?

Kòman Sentespri a ka ede l si l deside pou l aksepte sa zanmi l yo di a?

Kisa Sentespri a t ap fè?

		REPONS 1	REPONS 2	REPONS 3
SITIYASYON 1	Manman w te mande w pou w netwaye tab la. Ou ap fè yon bagay, epi w n reponn, m ap vini, apre w fin di sa pandan plizyè fwa, li entèdi pou w pa soti ak zanmi w yo pandan yon semenn. Kisa Sentespri a ap fè?	Ou t ap santi w ke wpa vo anyen pou dezobeyi ak paran w yo?	Li t ap dakò ak ou kote l pral di w pèsonn pa ka di w sa w dwe fè?	L ap raple w ke w dwe obeyi ak paran w yo epi ede w pou mande yo padon?

		REPONS 1	REPONS 2	REPONS 3
SITIYASYON 2	Ou leve byen mal aten an paske yèswa w te dòmi mal. Kounya ou dwe leve pou ale lekòl. Ou santi w move konsa, si yo ta mande w, si jiska prezan ou se kretyen. Kisa Sentespri a ap fè?	Li t ap kondane w paske w santi w konsa, anvan pou l ta fè santi ke w se kretyen?	Li t ap di w kretyen yo pa dwe genyen bagay sa yo?	Li t ap di w si Bondye padone w epi w ap mache ak Bondye ou pa dwe bay tèt ou pwoblèm paske w santi w kretyen tou tan?

		REPONS 1	REPONS 2	REPONS 3
SITIYASYON 3	Pwofesè edikasyon kretyèn ou an di w ou dwe li Bib ou chak jou. Ou konn eseye fè l men se pa tou tan, konsa li difisil pou w genyen yon devosyon chak jou. Kisa Sentespri an ap fè?	Li t ap raple w ke w pa yon moun entelijan pou w konprann Bib la?	Li t ap di w al li Bib la lè w kòmanse gran epi w ap kapab konprann li?	L ap ede w konprann sa w ap li nan Bib la?

Leson 33

SENTESPRI ANSEYE NOU

KISA N AP ANSEYE M?

Ekri:

Senk
CHAN
ki pi popilè

Senk
JOUNAL
ki pi popilè

Senk
JWÈT
ki pi popilè

KISA W APRANN DE YO?

KISA BIB LA DI?

Chwazi yon moun nan gwoup la pou kapab li pasaj sa, aprèsa, reponn kesyon sa?

Li Jan 14:15-19, 26.

1. Kiyès k ap pale nan pasaj sa?
2. Poukisa vèsè 15 lan enpòtan?
3. Poukisa nan mond lan yo pa vle aksepte Sentespri a?
4. Kisa Sentespri a anseye nou?

Li Jan 16:7-15.

1. Kiyès k ap pale nan pasaj sa yo?
2. Kisa Sentespri a pral fè?
3. Kisa Sentespri a montre nou fè?

Li 2 Korentyen 1:21-22.

1. Kiyès ki ban nou Sentespri a?
2. Daprè vèsè 21 an, kisa Bondye fè?
3. Kisa Bondye ban nou andan kè nou?

Kisa Sentespri a ka anseye nou nan sitiyasyon sa yo. Nou dwe fè yon bagay ki diferan nan senmenn k ap vini an?

KISA KI PRAL PASE?

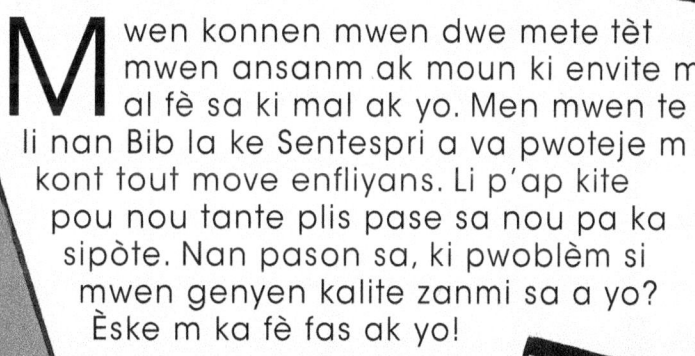

Pou mwen li difisil pou m pale de Jezi ak zanmi m yo; pi plis nan yo pa al legliz. Mwen santi ke m ta dwe envite yo, konsa Dimanch lan mwen te priye, mande Sentespri a pou l moutre m tan an ak kote kòrèk la pou m fè sa. Maten an mwen te santi ke se te moman, konsa mwen te envite Santyago zanmi m nan! Kounye a mwen wont paske m te santi m pè anpil.

Mwen konnen mwen dwe mete tèt mwen ansanm ak moun ki envite m al fè sa ki mal ak yo. Men mwen te li nan Bib la ke Sentespri a va pwoteje m kont tout move enfliyans. Li p'ap kite pou nou tante plis pase sa nou pa ka sipòte. Nan pason sa, ki pwoblèm si mwen genyen kalite zanmi sa a yo? Èske m ka fè fas ak yo!

Sentespri a dwe ede m pran desizyon ki bon yo. Lè m te fè fas ak tantasyon, mwen te mande Bondye pou l pat kite m tonbe. Kòm Sentespri a pat sispann mwen te konprann ke m pat gen pwoblèm nan sa m t ap fè a. Konsa, poukisa paran m yo te fache konsa?

Sentespri

Fè yon lis de sa w ta renmen
Sentespri a anseye w.

1.
2.
3.
4.
5.

[Jezi te di:] Moun ki pou ankouraje nou an, se Sentespri a. Se Papa m k ap voye l nan non mwen. Sentespri a va moutre nou tout bagay, l a fè nou sonje tout sa m te di nou (Jan 14:26).

anseye m

Leson 34

SENTESPRI A DIRIJE NOU

Èske w ka swiv enstriksyon sa a yo?

Enstriksyon sa a yo mande nou anpil aktivite pou genyen tèt ansanm. Li enstriksyon yo byen epi di kiyès la dan yo.

1. Pa mwayen pwosesis estalasyon an, fè yon melanj oksijèn, nitwojèn, agon epi dioksid kabòn pou yo pase atravè twou a, pandan w ap peze de bouch yo, sa a yo ki genyen yon espas ki bay pa deyò ki byen estratifye.

2. Pandan w ap itilize obikilaris je w, fè ke popyè degzè ki pa dèyè a.

3. Pandan w ap kontrakte pati twon w nan mitan kòt yo ak pelvis la, pwente aliks dwat ou ak dijitis minim men ki dominan w lan.

4. 4. Kontrakte plizyè fwa de atikil ou yo pandan w ap konsève de mitan anlè yo ki pandye lateralman.

FASIL

KISA?

BYEN SENP

RANKONT LAN NAN LAVIL JERIZALÈM

WI SE ENPOTAN! OU PRAL LI L TALÈ !

Komite kretyen yo te reyini ansanm

Yo t ap evite divizyon nan legliz la

Konsèy legliz Jerizalèm yo te pase yon lòd nan fason pou ka rezoud pwoblèm byen fasil ak lapriyè. Lè pa genyen bon tèt ansanm sa kapab mete divizyon nan legliz la epi koz li separe tou.

Sa yo ki ta p pastisipe nan reyinyon yo te santi yo kontan pou bon rezilta sav o. kretyen jwif yo te dakò ke la fwa se sèl mwayen pou vini pitit Bondye.

Men lòt kretyen yo te aksepte bagay sa yo:
1. Pou pa manje bagay yo sakrifye bay zidòl.
2. Pa manje san, separe yo de tout bèt ki mouri.
3. Gade yon vi seksyèl ki pwòp. Moun jwif yo te gen yon nivo pi wo nan sosyete a sou zafè sa. Konsèy la te voye de reprezantan Jida ak silas ak yon lèt kite di tout bagay voye bay kretyen Antyòch yo. Yo t ap vwayaje ak Pòl epi Banabe kote yo te li mesaj la, apre sa jida ak Silas te retounen lakay yon an lavil Jerizalèm.

Andan lavil jerizalèm, anpil ti vil nan zwazinaj la te kon reyini nan Jerizalèm chak lanne, anpil lidè yo te vle tout moun yo byenvini nan vil la.

Nan mitan senmenn sa te vini yon gwoup vizitè kite soti Antyòch pou vin fè yon reyinyon. Prezidan nan ti zòn nan te swete yo pase yon bon moman pou lè yo retounen lakay yo pou fè konnen ke Jerizalèm se yon vil byen bèl.

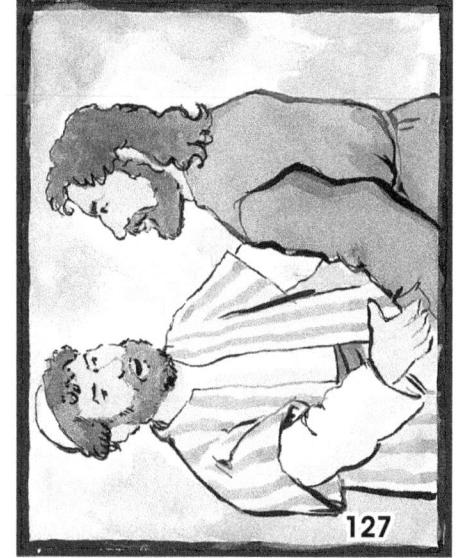

JERIZALÈM, "Lavil zanmitay"

SENTESPRI KONDWI M!

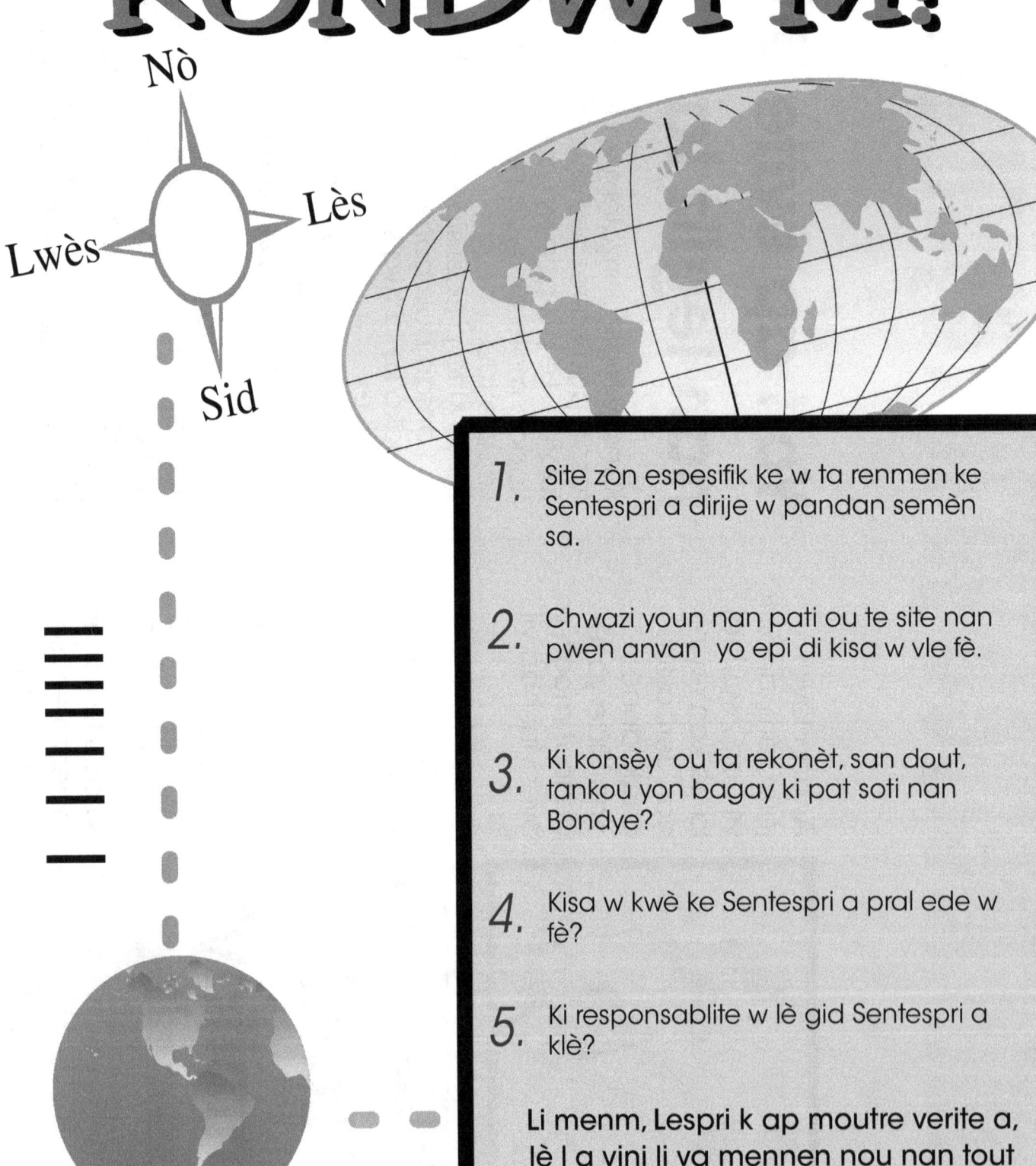

1. Site zòn espesifik ke w ta renmen ke Sentespri a dirije w pandan semèn sa.

2. Chwazi youn nan pati ou te site nan pwen anvan yo epi di kisa w vle fè.

3. Ki konsèy ou ta rekonèt, san dout, tankou yon bagay ki pat soti nan Bondye?

4. Kisa w kwè ke Sentespri a pral ede w fè?

5. Ki responsablite w lè gid Sentespri a klè?

Li menm, Lespri k ap moutre verite a, lè l a vini li va mennen nou nan tout verite a (*Jan 16:13*).

Leson 35

LANSPRI SEN AN BAN NOU PISANS

ÈSKE W TA KAPAB FÈ SA ?

Li istwa sa a epi reponn kesyon sa a yo.

Operasyon oka a se te yon pwojè misyonè danje pou Jim Elliot ak lòt kat misyonè yo. Yo t al Ekwatè, yon peyi nan Amerik di sid, nan rejyon kote endyen yo t ap viv la. Jim te asire ke Bondye t ap gide l pou l te pale ak oka yo de Jezi.

Apre plizyè mwa ap retire kado depi nan yon ti avyon, Jim, zanmi li an Nate Saint ak lòt twa misyonè yo te etabli chan misyonè yo nan zòn kote oka yo t ap viv la. Byen vit yo te kòmanse pale ak yo. Yo te kontan anpil pou posiblite yo te genyen pou preche yo levanjil.

Se pandan, byen vit, yon bagay byen difisil te paske moun pa kapab konprann. Jou ki te 8 Janvye 1956 oka yo te touye senk misyonè.

- Si w te fanmi youn nan moun sa a yo, kisa w t ap santi anvè oka yo?
- Ou kwè ke misyonè yo t ap swiv gid Bondye? Poukisa?

Istwa ta kapab fini la. Koze sa a ta kapab konsidere tankou yon trajedi total, san oken vale pozitif.
Se pandan, kèk ti ane apre, kèk misyonè te retounen nan menm zòn nan, epi preche oka yo levanjil (epi yo te tradwi levanjil selon Mak nan lang oka yo) Ou kapab imajine w ki moun ki te fè pati moun sa a yo? Se te Elizabeth Elliot. Li te retounen pou preche moun ki te touye mari l yo levanjil.

- Ki moun ki te bay Elizabeth pouvwa pou fè sa a?
- Kisa w ta fè ou menm nan sitiyasyon sa a?

Li Travay 6:8-7:1, 51-60, epi reponn kesyon ki pou gwoup ou yo.

Pou kisa li pat defann li?

1. Èske gen yon moun ki te fè manti sou ou yon fwa? Kòman relasyon w te chanje ak moun sa a?

2. Kòman w reyaji lè yon moun fè w sa ki mal?

3. Baze w sou pasaj, kòman w ta dekrive Etyèn?

4. Nan kisa w sanble ak Etyèn?

5. Poukisa Etyèn te rele moun yo "tèt di"? kisa sa vle di?

6. Kisa sa vle di "fè tèt di ak Sentespri a"?

7. Poukisa pawòl Etyèn yo te fè manm konsèy yo fache konsa?

8. Dapre vèsè 60, ki karakteristik ou wè nan Etyèn?

Men, lè Sentespri a va desann sou nou, n a resevwa yon pouvwa. Lè sa a n a sèvi m temwen nan Jerizalèm, nan tout peyi Jide ak nan tout peyi Samari, jouk nan dènye bout latè (Travay 1:8).

9. Poukisa Etyèn te kapab reponn jan l te fè l la?

10. Poukisa Etyèn pat defann tèt li?

11. Kisa w ka fè pandan senmenn nan pou w sanble plis ak Etyèn?

Leson 36

INITE VIII
LESON SOU TWA WA YO

IZRAYÈL GEN YON WA

Kisa ki fè yon zanmitay dire?

Kisa Bondye mande nou nan relasyon nou ak li?

Li Detewonòm 10:12 (RV95). Apre sa, chèche chemen nan laberent lan, pandan w'ap pase nan lòd chak pawòl vèsè a.

Kòmansman →

Seyè	Avèk	Bondye	Kò	Jewova	Oswa	Toujou	Fòme	Avèk
Men	Tout	Te	Ou	Sèvi	Bay	Bay	Jewova	Lotèl
Kounye a	Yo	Ou	Ak	Lanmou	Avèk	Ou	Kwè	Ou
Wi	Epi	Renmen	Kè	Epi	De	Sèvi	Wòch	Bondye
Chemen	Ke	Izrayèl	Ou	Mande	Avèk	De	Si non	Nan
Chante	Li yo	Lanmou	Kisa	M'ap bay	Priye	Tout	Ki	Fò
Tout	Etènèl	Mache	Adore	Ou	Renmen	Chèche	Ou	Nou te
Konfye	Nan	Papa	Ki	Kè	Lalwa	Wè	Oswa	Nanm
Li	Syèl	Kay	Pote	Bondye	Mande	Jewova	Pou	Dt.
vini	nan	Liv	Onè	Li	ou	Obeyi	renmen	10:12

Site **kat** bagay pou genyen yon bon relasyon ak Bondye.

132

Ki konpòtman Izrayèl te afiche?

1. Poukisa moun pèp Izrayèl la yo te vle gen yon wa?

2. Kisa 1 Samyèl 8:7-9 di nou sou obeyisans Izrayèl devan Bondye?

3. Kòman moun pèp Izrayèl yo te reponn fas ak advètans yo? (1 Samyèl 8:19-20).

4. Èske moun pèp Izrayèl yo te akonpli kòmandman Bondye yo?

Ki konpòtman Sayil te afiche?

Èske Sayil te akonpli kòmandman Bondye yo?

1 Samyèl

9:3-4	Li preokipe l pou lòt yo
9:5	Nòb
9:21; 10:22	Brav
10:6, 9	Li te obeyi otorite
10:27	Li pat renmen tire revanj
11:6, 11	Li te konfye nan Bondye
11:13	Bondye te transfòme li

Ou bezwen rekòmanse relasyon w ak Bondye

1. REKONÈT te peche.

2. REPANTI WDE peche w yo.

3. DESIDE w ap sispann peche.

4. MANDE Bondye pou l padone w.

Ou kapab priye kounye a!

Papa Bondye:

Mwen rekonèt mwen te peche, epi mwen repanti de tout mal mwen te fè. Map mande w padone m.

Mwen kwè ke Jezi te mouri pou mwen epi mwen aksepte l kòm Sovè ak Seyè mwen.

Ede m pou m toujou obeyi w. Mèsi paske w padone m epi fè m vin pitit ou.

Nan non Jezi. Amèn.

Si w bezwen fòtifye relasyonw ak Bondye

Leson 37

WA DEZOBEYI

LI TE DWE

Pèsonaj yo: Rakontè, Sayil, Samyèl, Jonatan, kaptenn lame a

Sèn 1: Nan chan batay la.

Sayil: Jonatan, nou genyen 3 000 gèrye ki fò epi vanyan. Mwen kwè ke nou pa'p gen okenn pwoblèm lè nou pral gen pou n fè fas kare ak filisten yo.

Jonatan: Espyon nou yo fè nou konnen ke gen yon gwoup filisten nan vale a. Papa, pou kisa nou pa ale ak 1000 solda al atake yo? Lòt yo kapab rete nan kolin nan pou sizanka yo ta siprann nou.

Sayil: Sanble se yon bon ide, Jonatan. Ale epi se pou Bondye akonpanye w.

Rakontè: Jonatan te atake lame lennmi an nan Gaba. Lè filisten yo te vin konn sa, yo te rasanble lame yo a pou goumen kon Izrayèl. Sayil te voye di moun pèp izrayèl yo konsa se pou yo te rasanble nan Gilgal pou batay la.

Sèn 2: Nan Gilgal.

Sayil: Ou te fè yon bon travay, pitit mwen, men kounye a filisten yo fache anpil. Ann moute sou do montay la. Depi la nou pral kapab wè konbyen yo ki rasanble nan vale a.

Kaptenn lame a: Wa Sayil, gade! Dwe genyen pou pi piti 3.000 cha, ak de solda nan yo chak, epi 6.000 gason ki sou cheval. Kisa nou pral fè? Nou pa kapab defann nou ak 3.000 gason sèlman.

Jonatan: Solda nou yo pè anpil! Anpil nan yo te kache nan twou. Epi anpil lòt te kouri!

Kaptenn lame a: Ki kote Samyèl ye? Li te di l ap vini. Nou kwè ke li ta dwe ofri sakrifis la pou asire ke Bondye ta avèk nou.

Sayil: Nou pa kapab rete tann! Filisten yo pral atake nou nan nenpòt moman epi se reyalite yo pral touye nou tout. Deja mwen pral ofri sakrifis la.

Jonatan: Kisa w di? Sèlman chèf prèt yo ki kapab ofri sakrifis.

Sayil: Nou pa kapab rete tann pou plis tan.

Rakontè: Sayil te ofri sakrifis yo. Li pat ko menm fin ofri sakrifis la, lè Samyèl te rive a.

Samyèl: (Respire anlè) la santi vyann boule.

Sayil: Samyèl, ki kote w te ye? Nou te rete ap tann ou pou anpil tan epi solda mwen yo te deja abandone. Poutèt sa mwen te oblije ofri sakrifis la pou m mande Bondye èd li. Anplis, filisten yo te deja prè pou yo atake nou.

Samyèl: Sayil, sa se yon foli! Si ou te obeyi Bondye, youn nan jenerasyon w yo t ap vin wa apre w. kounye a ni ou menm ou p'ap kontinye sou twòn nan pou anpil tan.

RETE TANN!

Rakontè: Yon ti tan apre, Bondye te mande Sayil pou l te batay kont moun pèp Amalèk yo. Li te di l pou l detwi tout posesyon l yo pou anyen pa vin kontamine moun pèp izrayèl yo.

Sèn 3: Apre batay kont Amalesit yo.

Kaptenn lame a: Wa Sayil, nou genyen batay la. Ey, wa amalesit yo ap kouri! Kisa n ap fè avèk li?

Sayil: Bondye te di m detwi tout sa lennmi an posede. Sa dwòl! Mwen kwè ke sa ki pi bon an se mete wa nan prizon. Poukisa nou pa pran bèt ki pi bon yo? Mwen pa kwè ke nou dwe touye bèt yo, konsa nou va ogmante richès nou an.

Rakontè: Nan demen maten Samyèl t al nan kan Sayil la pou konnen sa k te pase nan batay la.

Sayil: (Pran pòz li gen rezon devan Samyèl) Nou genyen, Samyèl! Mwen te fè tout sa Bondye te banm lòd fè yo.

Samyèl: Pou kisa m tande tout bri sa a yo? Sanble ak bri mouton ak kri bèf.

Sayil: Bon, se paske nou mennen tout bon mouton ak bèf amalesit yo…men se sèlman pou nou ofri sakrifis bay Bondye!

Rakontè: Samyèl te konnen ke Sayil t'ap bay manti. Bondye te gentan avèti l sa.

Samyèl: Pa di anyen pi plis! Yè swa Bondye te di m ke ou te dezobeyi li. Kounye a mwen wè ak de jem sa w'ap fè. Ou pa konnen ke Bondye prefere obeyisans ou anvan sakrifis ou yo? Sa se yon advètans: kòm ou pa t tande Bondye, ou pap wa ankò pou anpil tan.

Kòman w kapab eseye konvenk yon moun de yon mal li fè?

Paola bezwwen yon bon kalifikasyon nan egzamen syans li a. Paran l yo te avèti li si l desann nan nòt li, l'ap pèdi kèk privilèj lakay li.

Se pandan, Paola te fè koken nan egzamen an pandan l te kopye repons konpayèl li yo. Apresa a li te santi l pa byen. Pandan li ta pral legliz la, li te retire lajan l te genyen sere epi pote l nan legliz la pou mete l nan ofrann. Li te panse ke pètèt sa ta ede l santi l pi byen.

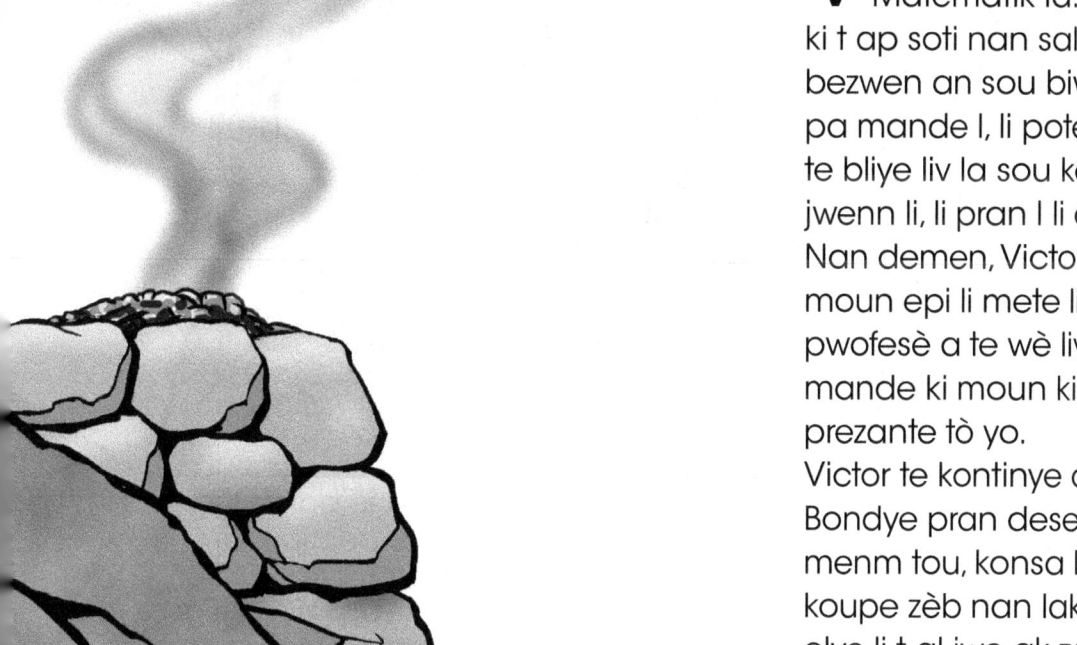

Víctor te bezwen yon liv pou devwa Matematik la. Kòm se te dènye moun ki t ap soti nan sal klas la, li te wè liv li te bezwen an sou biwo pwofesè a epi, san li pa mande l, li pote l lakay li. Lè l fin itilize li, li te bliye liv la sou kabann li; ti chen an jwenn li, li pran l li chire po a.

Nan demen, Victor vini pi bonè ke tout moun epi li mete liv la nan plas li. Lè pwofesè a te wè liv la chire, li te fache epi mande ki moun ki fè sa a. Pèsonn pat vle prezante tò yo.

Victor te kontinye ap panse ak liv la. Li te fè Bondye pran desepsyon, pwofesè l la ak li menm tou, konsa li te deside ofri tèt li pou koupe zèb nan lakou legliz la Samdi a, olye li t al jwe ak zanmi li Rogelio. Li te panse ke pètèt konsa li ta santi l pi byen.

Leson 38

VIN PI MAL CHAK JOU PI PLIS

Kisa ki pase?

1 Dimanch lan Mak te di manman l li t ap ranje chanm li an, men kòm li te prese pou l ale legliz li te deside pa fè l.

2 Lendi a Mak te bliye fè devwa Matematik la, konsa li te deside bay madmwazèl la manti lè l te di l ke li te malad nan fen semèn nan.

3 Madi a Mak te di papa l ke madmwazèl la pat bay devwa, menm si se pat verite. Sa ki te pase se pliske l te distrè epi li pat kopye l sou tablo a.

4 Mèkredi a manman Mak te voye l al achte yon bagay, men li te pwofite okazyon an pou l te achte kèk karamèl pou li.

5 Jedi a Mak te ofri Luis ti zanmi l la pou l te ede l fè devwa Matematik la, men apresa l te bliye epi rete ap jwe boul ak zanmi l yo.

6 Vandredi a manman Mak te ba li parapli a pou l pat mouye nan lapli a. Li te panse ke yon ti mouye nan lapli pat ka fè l anyen mal epi li te sere parapli a pandan manman l pat pre.

7 Samdi Mak te pwomèt manman l li t ap ede l netwaye kay la, men kòm li pat gen anpil anvi pou l fè sa l al mache ak zanmi l Fernando pou tout jounen an.

DILÈM TERIB Sayil la

Ofisyèl 1: Kisa k te pase wa?

Ofisyèl 2: Mwen pa konnen, men mwen pa vle poze w kesyon. Chak fwa li plis sou nwa epi li deja pa konfye l nan pèsonn.

Ofisyèl 1: Ou gen rezon! Tout bagay te kòmanse apre David te fin touye Golyat. Ou sonje lè medam yo te soti al rankontre Sayil, epi yo t ap chante: "Sayil te touye mil pa l yo"? Jouske la tout bagay t ap mache byen, men jalouzi li te kòmanse lè yo t ap ajoute: "epi David dis mil pa l yo".

Ofisyèl 2: Konsa se! Sayil pat ka sipòte l. Li te pè pou David pat pran wayòm nan nan men l.

Ofisyèl 1: Kisa sa te ye?

Ofisyèl 2: Mwen pat tande anyen. Kontinye rakonte m.

Ofisyèl 1: Ou sonje kijan Sayil te eseye kloure David nan yon mi ak lans li a?

Ofisyèl 2: Wi! David t ap jwe flit la, epi byen rapid, Sayil lanse flèch li kont David epi manke touye l.

Ofisyèl 1: Sepandan, David te rive chape anba Sayil pandan de okazyon.

Ofisyèl 2: Sa te bay enpresyon ke Sayil te vle fini ak lavi David lè l te mete l devan mil solda.

Ofisyèl 1: Wi, men ou konnen ke Sayil te sèlman bezwen pou David te mouri nan gè a. Se poutèt sa li te voye l ak lame li a devan tèt batay la.

Ofisyèl 2: Men sa sèlman te fè sitiyasyon an vin pi mal. Atak sa a yo kont David te fè l vin plis popilè.

Ofisyèl 1: Èske w kapab wè ke wa Sayil te di David konsa pou l te ka marye ak pitit fi la Mical fòk li te touye 100 filisten?

Ofisyèl 2: Sayil te asire l ke sa a se te dènye moman David.

Ofisyèl 1: Men sa pat mache nonplis.

Ofisyèl 2: Sayil te vin pi mal chak jou. Karaktè l te vin pi difisil. Kounye a li te vin sispèk tout moun!

Ofisyèl 1: Sa te parèt enpresyonan pou mwen lè l te mande pou touye tout chèf prèt Bondye yo.

Ofisyèl 2: Kijan nou te ka fè sa!

Ofisyèl 1: Men pou kounye a tout bagay kache, manm jan ak David ak lame pa l la. Kilès ou kwè ki ka konseye wa a kounye a filisten yo ap atake nou ankò?

Ofisyèl 2: Mwen ta renmen konn sa.

KISA K TA PASE?

GWOUP 1

Kisa k ta pase si Sayil te tann Samyèl pou ofri sakrifis la nan Gilgal?

Kisa k ta pase si Sayil te obeyi kòmandman Bondye pou l detwi moun amalèk yo?

Kisa k te ka pase si Sayil te aksepte fè volonte Bondye pou David vin wa?

Kisa k ta pase si Sayil pa t al vizite divinò Endò a?

SAK TE PASE?

GWOUP 2

Kisa k te pase lè Sayil te ofri sakrifis nan Gilgal olye li te rete tann Samyèl?

Kisa k te pase lè Sayil te kache pi bon bèt yo epi pran wa Amalèk la mete nan prizon?

Kisa k te pase lè Sayil t'ap fè jalouzi kont David?

Kisa k te pase lè Sayil te mande pou divinò Endò a ede l?

Ki egzanp w'ap swiv?

Ki egzanp moun sa ap swiv?

Fè yon ti bak nan leson 38 la epi reponn:
Ki egzanp Mak t ap swiv nan lavi l? Kisa l kapab fè pou l korije l?

Kijan w konpòte w chak jou? Èske se yon bon egzanp? Si se pa konsa, Kisa w kapab fè pou chanje l?

> Kounye a, Izrayèl, men sa Seyè a, Bondye nou an, mande nou: Se pou nou gen krentif pou Seyè a, Bondye nou an. Se pou swiv li mete devan nou an, se pou nou renmen l, se pou nou sèvi l ak tout kè nou ak tout nanm nou..? (Detewonòm 10:12).

Leson 39

ÈSKE KAPAB GENYEN YON WA KI BON?

Kijan w KALIFYE YO?

1. Ekri yon S sou liy lan pou kalifye Sayil.
2. Ekri yon D sou liy lan pou kalifye David.

Swiv premye egzanp lan.

ENPASYAN	S ←——→ D	PASYAN
LI TE RENMEN PWÒP TÈT LI	←——→	LI TE RENMEN BONDYE
BAY LÒT YO TÒ	←——→	LI TE PRAN RESPONSABLITE L POU DESIZYON L YO
DEZOBEYISAN	←——→	OBEYISAN
SWIV SEREMONI ADORASYON	←——→	SÈVI BONDYE AK SENSERITE
PA T ONORE BONDYE	←——→	RESPEKTE OTORITE BONDYE
PÈ AK RAYI	←——→	RENMEN AK RESPEKTE
TE KONTWOLE LAVI LI	←——→	PÈMÈT KE BONDYE DIRIJE LAVI LI

Mwen Pranw!

Pa gen moun ki ta renmen yo pran l ap fè bagay ki pa bon. Li vèsè sa a yo pou wè si yo pale de Sayil oswa David. Nan kisa reayaksyon Sayil yo diferan de pa David yo lè yo te fè peche?

1 SAMYÈL 15:13-16

2 SAMYÈL 11:14-15

1 SAMYÈL 15:30

1 SAMYÈL 15:24-25

2 SAMYÈL 12:5-7, 13

SÒM 51:1-4

O, NON!

Gen pitye pou mwen, Bondye, jan ou gen bon kè sa a! Tanpri, efase tout sa mwen fè ki mal, paske ou gen kè sansib. Lave m, foubi m pou wete fot mwen fè a, netwaye m pou w efase peche m nan. Mwen rekonèt sa m fè a pa bon. Se tou tan peche m nan devan je m, se kont ou menm menm mwen peche, pa kont lòt moun. Mwen fè bagay ou pa dakò pou moun fè. Se sa k fè ou gen rezon lè ou kondane yon moun. Moun pa ka fè w okenn repwòch lè w fin jije….

O Bondye, pa kite okenn move lide nan kè m, mete bon lide nan tèt mwen pou m ka kenbe fèm. Pa voye m jete, pa wete lespri w te ban mwen an, sove m, fè kè m kontan ankò, ban m bon lide ki pou fè m toujou obeyisan…

Seyè mwen, mete pawòl nan bouch mwen pou m ka fè lwanj ou. Si se bèt w ta vle pou yo touye ofri ba ou, mwen ta ofri bèt ba ou. Men, ou pa pran plezi nan ofrann bèt y ap boule ofri ba ou yo. Ofrann ki fè Bondye plezi, se lè yon moun soumèt tèt li devan li, Bondye, ou pa'p janm meprize moun ki soumèt tèt li devan ou, moun ki rekonèt tò li

(Sòm 51:1-4, 10-12, 15-17).

Li fraz ki nan mitan sèk la ak kesyon ki akote yo.
Ekri repons ou yon an espas ki deyò sèk la.

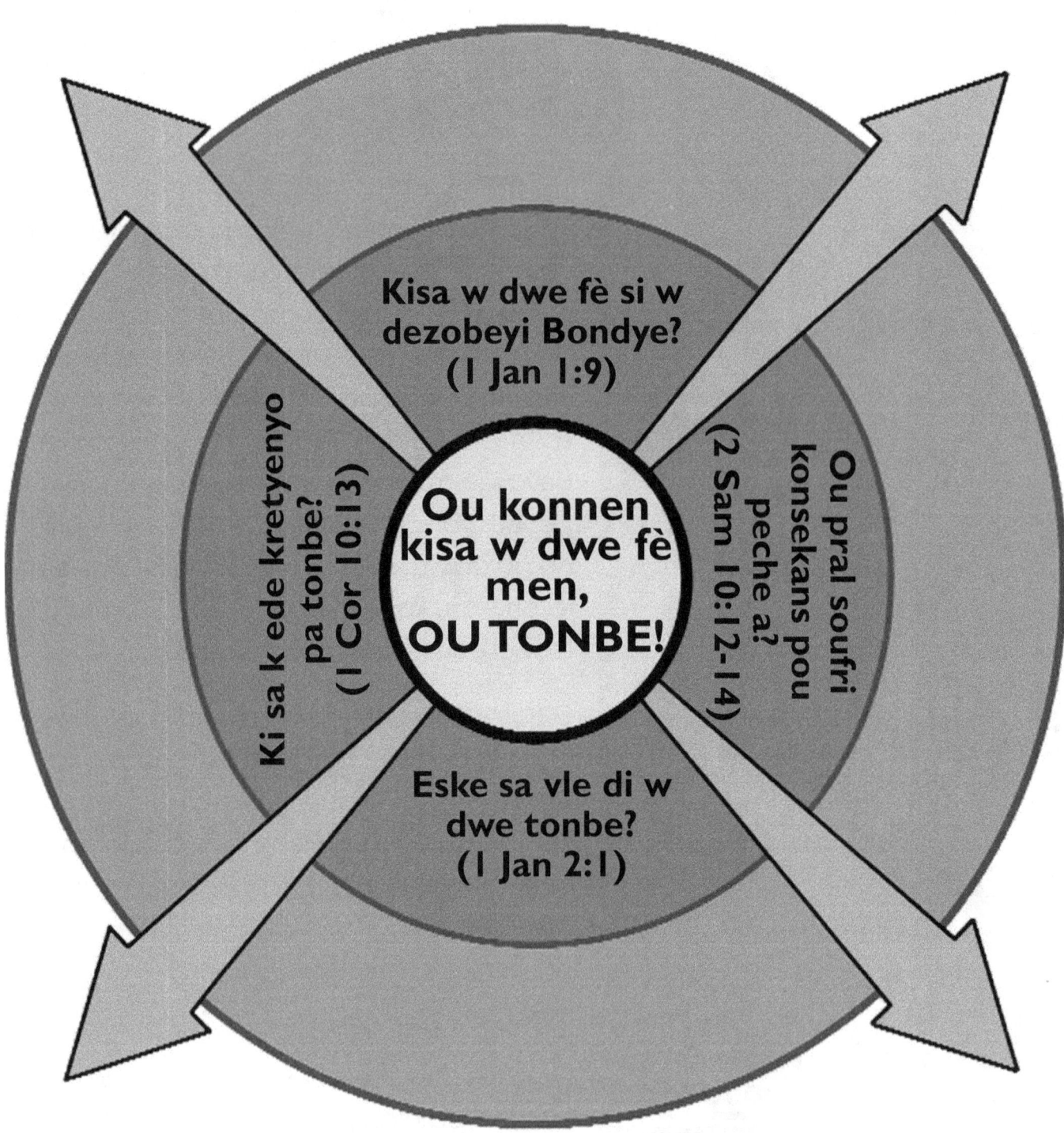

Kisa Bondye Mande Kretyen?

Leson 40

ERÈ YON WA KI GEN BON KONPRANN

SABIDURÍA DEL MUNDO VS. SABIDURÍA DE DIOS

Ou te tande zanmi w yo ap fè kèk afimasyon konsa ? Ki kalite bon konprann yo reprezante ?

Si ou renmen l, ebyen li bon.

Si tout moun fè li, mwen menm tou m kapab fè li.

Lalwa fèt pou moun vyole yo.

Se lavi mwen, epi m ap viv li jan m vle.

Pèsonn pakab di w sa ki byen ; sèl ou menm kapab deside.

Bondye ap kontwole sa k ap pase nan lavi nou sou fòm diferan.

PWOMÈS AK ADVÈTANS

Bondye te parèt devan Salomon, epi li te fè li yon pwomès ak yon advètans. Mete pwomès la anndan yon wonn. Mete yon trè anba kondisyon yo pou pwomès la. Mete de trè anba advètans la.

Si ou mache devan mwen tankou David, papa w, ak tout kè w jan w dwe fè l la, si ou fè tout sa mwen mande w fè, si ou koute lòd ak bon prensip mwen yo, m ap fè gouvènman ou lan kanpe fèm nan peyi Izrayèl la pou tou tan, m ap kenbe pwomès mwen te fè David, papa w la lè m te di l ap toujou gen yon moun nan fanmi li ki pou gouvènen pèp Izrayèl la.

Men, si ou menm osinon youn nan pitit ou yo vire do ban mwen, si nou pa fè sa m mande nou fè, si nou pa koute lòd mwen ban nou, si n al adore lòt bondye, lè sa a, m ap wete pèp Izrayèl la nan peyi mwen ba yo a. M ap vire do bay tanp mwen te mete apa tankou kote pou yo fè sèvis pou mwen an. Moun toupatou va pase pèp Izrayèl la nan betiz, y a fè chante sou li (1 Wa 9:4-7).

Èske yon saj kapab kwè nan tèt li? Pètèt ou pa panse ke yon moun ki gen bon konprann kapab fè zak moun sòt.

Bondye pat bay okenn lòt moun nan mond lan bon konprann li te bay Salomon.

Èske tout desizyon li yo te reflete bon konprann?

Li vèsè sa a yo?

Epi Saloman te fè sa ki mal devan Bondye, li pat swiv Bondye menm jan ak David papa l.

Ebyen Salomon te bati yon lotèl wo pou Kemos, zidòl abominasyon mowab la, nan montay ki fas a fas ak Jerizalèm, epi ak Molòk, zidòl abominasyon pitit Amon yo. Konsa li te fè pou tout madanm lòt nasyon li yo, yo menw ki te konn boule lansan epi ofri sakrifis bay fo dye yo.

Epi Bondye te fache kont Salomon, paske kè l te pati lwen Bondye Izrayèl, li te parèt devan l de fwa, epi li te ba li lòd sa a, pa mache dèyè lòt bondye yo; men li pat obsève kòmandman Bondye a (1 Wa 11:6-10).

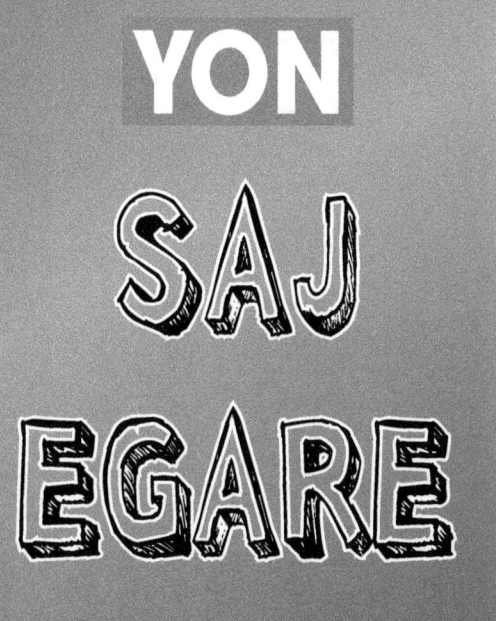

KONSEKANS YO

Konplete vésè sa a yo.

Seyè a di Saloman konsa: Paske w pa _____ kontra mwen te pase avè w la, epi ou _____ pa fè sa m te ba w lòd fè, _____ baton gouvènman nan men ou, epi mwen _____ nan chèf ou yo nan plas ou. Men, poutèt _____ papa w mwen pa'p fè sa pandan ou vivan; mwen pral wete _____ nan men _____. Men mwen pa'p _____ tout peyi a nèt anba lòd li, mwen va pito bay pitit ou a _____, paske mwen renmen David _____, epi pou _____, ke mwen te rele l pa m *(1 Wa 11:11-13)*.

IZRAYÈL
Anpi Lazi a ap fè pwogrè

WAYÒM DIVIZE O

LESON SOU TWA WA YO

Repase istwa Inite sa a, pandan w ap itilize senbòl liy tan sa a.

1. Bay chak pèsonaj oswa evennman yon non, epi poukisa yo enpòtan na istwa Bib la.

2. Apiye sou relasyon chak pèsonaj te genyen ak Bondye.

3. Di sa ou te aprann de pèsonaj sa a yo ki pral ede w grandi nan relasyon ou ak Bondye.

4. Kisa chak istwa te anseye w de Bondye?

Leson 41

INITE IX — KÒMAN YON MOUN KA VIV ALÈZ

KIJAN MWEN KA VIN ALÈZ?

JEZI TE DI:

_____ pou _____, devan Bondye, paske peyi wa ki nan syèl la se pou yo li ye *(Matye 5:3)*.

_____ pou _____, paske Bondye va ba yo byen li te sere pou yo a sou latè *(Matye 5:5)*.

DAVID TE DI:

Men, moun_____ pral resevwa peyi a pou eritaj yo, epi yo pral viv ak _____ poze *(Sòm 37:11)*.

PYÈ TE DI:

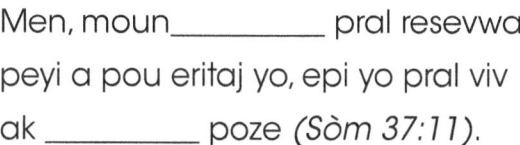

Se poutèt sa, _____, Bondye ki gen pouvwa a, konsa l a leve nou lè pou l leve nou an ; lage tout _____ nou yo sou li, paske l a pran swen nou *(1 Pyè 5:6-7)*.

KOUNYE A DI L OUMENM

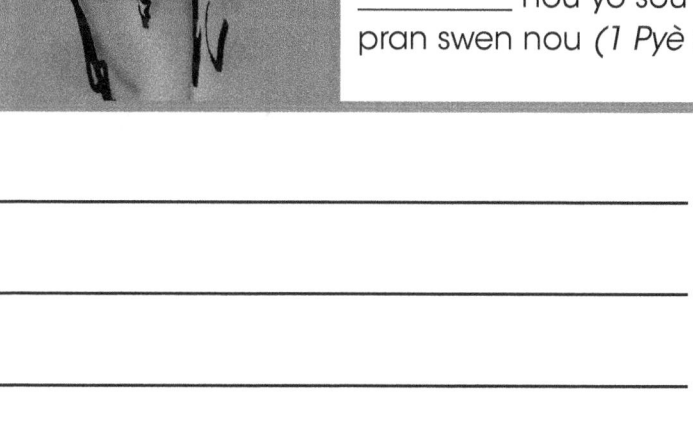

Jezi te rete ap obsève kòman yo t ap kouri pran premye plas bò tab la, li te bay envite yo yon parabòl, li te di yo konsa: Lè yon moun envite w pou ale nan yon nòs, pa chita nan premye plas la, pou pa gen disteksyon ant ou ak yon lòt moun li ta envite, li ta di w : Bay sa plas ou a, epi se konsa ou t ap kòmanse santi w wont lè w ap oblije leve pou w al chita nan plas ki dèyè a.

Men lè yo envite w, ale epi chita nan plas ki dèyè nèt la, pou ke lè moun ki te envite w la vini, li di w konsa: Zanmi, vin pi devan ; ebyen se konsa w ap gen anpil valè devan je moun ki chita avèk ou sou tab la. Paske nenpòt moun ki vante tèt li, li pral bese byen ba ; epi sa ki desann tèt li, se li ki pral triyonfe (Lik 14:7-11).

REPONN KESYON SA A YO:

1. Kisa ki te motive Jezi rakonte moun yo parabòl sa a?
2. Kisa ki te pase nonm ki te chita nan premye plas la?
3. Kisa ki ta ka pase moun nan lè li ta chita nan plas ki pa gen valè a?
4. Kòman w ta kapab pote parabòl sa alekstrèm?
5. Ki leson ou aprann de parabòl sa a?

GADE L PI PRE!

152

ANGAJMAN MWEN

☐ *Mwen pral depann de Bondye (pa de moun) pou m ka kontwole valè mwen nan yon dimansyon ki kòrèk.*

☐ *Mwen konprann ke san Bondye mwen pèdi espirityèlman.*

☐ *Bondye ede m genyen yon lespri nòb.*

☐ *Mwen vle pou Bondye kontwole lavi mwen.*

☐ *Mwen vle pou Bondye montre m kote ki dwe amelyore nan lavi mwen.*

Leson 42

VIV ALÈZ LA SE…..OBEYI BONDYE

Moun ki pèdi nan dezè a pandan plizyè jou, san manje ni dlo, kèk fwa kòmanse imajine yon bèl wazis.

Yon Objektif

1. Nan kèk okazyon, ou te pase yon bon bout tan san namje oswa dlo ? Si se konsa, kijan w te santi w ? epi si non, kijan w panse w ta ka santi w?

2. Èske kèk fwa ou konn tèlman anvi yon bagay ou koumanse imajine l oswa reve ke te gentan ap resevwa l?

3. Imajine w ke ou nan ilistrasyon sa a, epi w'ap kouri pandan w'ap panse ke gen manje ak dlo. Men ou rann ou kont se te sèlman yon imajinasyon. Kòman ou ta santi w?

4. Èske w panse moun yo chèche kè poze ak menm entansite ke moun ki swaf la chèche dlo nan dezè a?

EKRI DIS!

Ekri 10 fason mou yo fè pou yo chèche gen kè poze.

KÈ POZE SE...

1.
2.
3.
4.
5.
6.
7.
8.
9.
10.

JISTIS
Kisa sa ye?

JIS

Adjektif: Dekrive moun ki mache dwat epi travay ak jistis.

Moun ki jis la se sa ki genyen yon karaktè ki nòb ak yon kondwit ki dwat ak respè. Li konpòte li jan Bondye vle a epi genyen yon bon relasyon ak li. Pechè ki repanti yo epi jistifye pa lafwa yo vin moun ki jis. Gras Bondye a ede yo mache dwat.

JISTIS

Soustantif: Se kalite ki fè moun bon, serye ak jis. Jistis Bondye a gen pou wè ak redanmsyon li.

Benediksyon pou moun ki anvi viv jan Bondye vle l la, paske Bondye va ba yo sa yo vle a. *(Matye 5:6)*

Ekri Matye 5:6 ak pwòp pawòl pa ou yo.

_____ pou moun ki anvi _____, paske Bondye va ba yo _____.

KISA BIB LA DI DE PADON?

Konplete vèsè sa a yo:

Okontrè, se pou nou _____ youn ak lòt, _____, _____ youn pou lòt, menm jan Bondye te _____ nou nan Kris la (Efezyen 4:32).

Lè nou kanpe pou n lapriyè, _____, si nou gen yon moun nan kè nou _____ pou Papa nou ki nan syèl la kapab _____ tout peche nou yo tou (Mak 11:25).

Paske si_____moun lè yo_____, padone nou tou; men, si n pa____moun yo lè yo fè nou mal, ____pap padone peche nou yo nonplis (Matye 6:14-15).

Se pou nou youn sipòte lòt, epi_____youn lòt si gen kichòy ki pa fè nou plezi. Menm_____tou ke, Kris la te_____nou tou (Kolosyen 3:13).

Leson 44

GEN VIKTWA NAN JEZI

GÈRYE JEZI YO

Dekrive yon moun ki merite yon prim kòm yon gèrye paske li te rive venk gwo difikil te yo.

TWOFE POU:

_____

PASKE:

_____

_____

_____

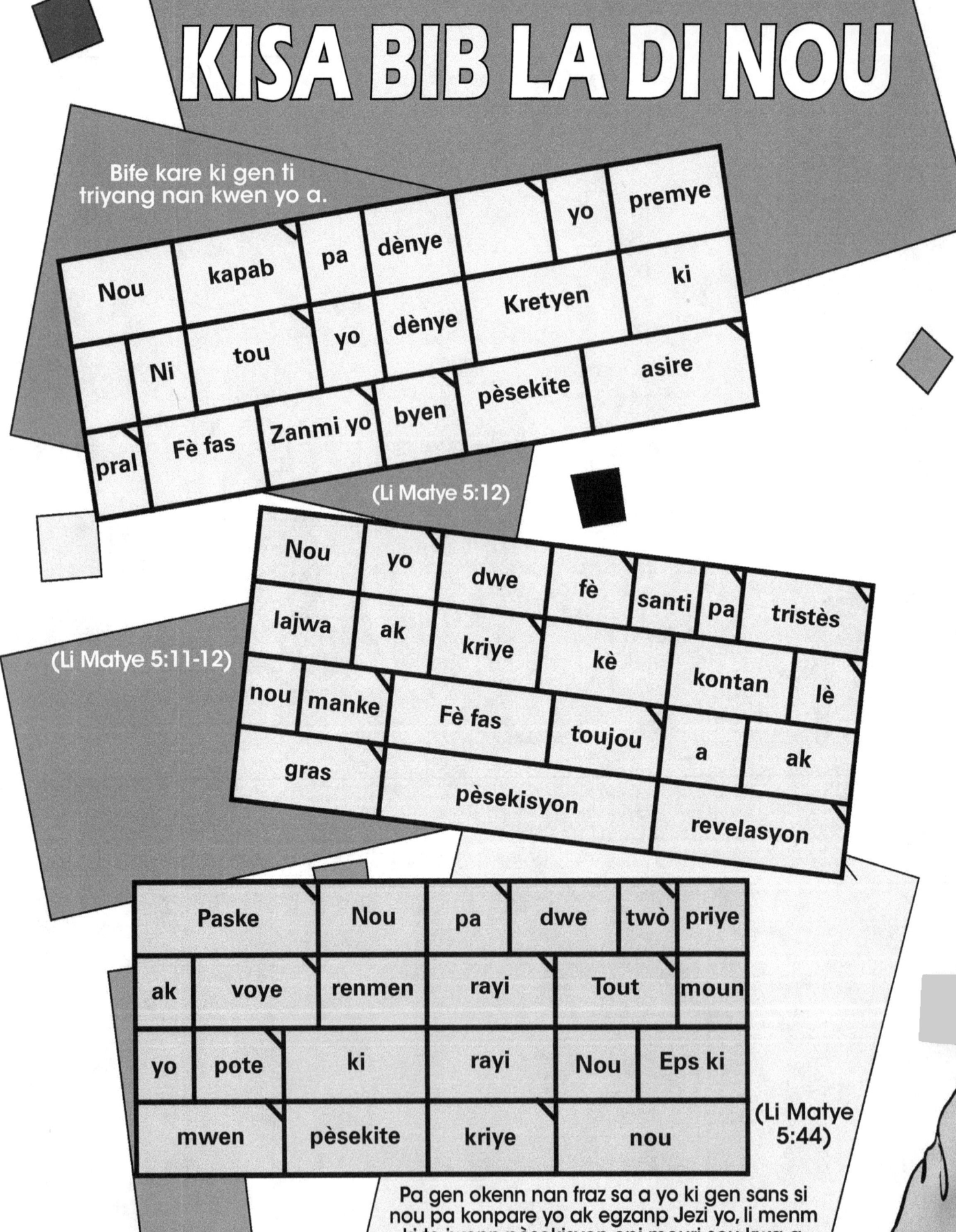

KISA W TA FÈ SI W TA FÈ FAS AK YON PÈSEKISYON?

1.

Nan klas syans sosyal ou a y'ap pale de gèrye yo. Yon elèv di konsa ke se yon wont pou wè gèrye yo pa viv nèt ale. Ou kòmante ke gèrye kretyen yo kontinye viv menm apre lanmò. Madmwazèl la gade w byen sezi, epi li te mande: "Pa kwè ke pral gen lavi apre lanmò, non? Kisa w ta fè si se te ou menm?

2.

Yon gwoup elèv nan lekòl ou a ap pale de yon konpayèl ke ou konnen ki se kretyen. Y ap ba l fawouch pou kwayans li epi yo vle pou w ta fè yon sèl ak yo. Kisa w kapab fè?

3.

Se ane 2020 epi y ap mete kretyen yo nan prizon pou lafwa yo. Nan menm moman, ou pran nouvèl ke gen kèk polis k ap chèche w. Kisa w t ap fè?

Leson 45

INITE X
VALÈ DANYÈL LA

DEFANN SA W KWÈ YO

KRETYEN YO PA JANM

ekri yon aksyon

TOUT OTAN KE...

PI PLIS	KÈK	OKENN	
			Paran l yo pat janm ka rann yo kont.
			Pi bon zanmi l yo fè l epi ankouraje yo pou yo fè menm bagay la.
			Yap ba li anpil lajan si yo pa fè l.
			Tout moun te fawouche yo si yo pat fè l.
			Yo te dwe fè l pou yo te ka fè pati gwoup yo renmen an.
			Yon moman tris te mennase yo: "fè l oswa ou pral kriye".
			Yo t a pèdi lavi si yo pata l.

ÈSKE Danyèl te KONFÒME LI?

Li Danyèl 1 epi reponn kesyon sa ayo:

1. Ki responsablite ofisyèl wa a te genyen nan zafè antrenman jèn Ebre yo? (vv. 4-5)

2. Dapre vèsè 7, ak kisa jèn ebre yo te dwe konfòme yo?

3. Dapre vèsè 5 ak 8, ak kisa anplis yo te dwe soumèt?

4. Ki egzamen yo te pase mesye yo epi ki rezilta sa te bay? (vv. 12-16).

5. Kòman jèn sa a yo te ye ki te refize konfòme yo, nan konpare yo ak lòt yo? (vv. 19-20).

Leson 46

KONFYE NAN BON KONPRANN BONDYE

NAN KI MOUN OU KONFYE W?

KI MOUN W AL RELE LÈ W BEZWEN ÈD?		
	Pandan w ap fè devwa.	_____
	Pandan w ap chwazi rad pou yon sikonstans espesyal.	_____
	Pandan w ap deside kisa w dwe fè lè yon moun blese santiman w.	_____
	Pou w aprann yon bagay ke w te vrèman vle fè.	_____
	Pandan w ap deside si yon aksyon se pou kretyen oswa non.	_____
	Pou w konnen kisa w dwe fè si kòm kretyen ou ta tonbe.	_____

Nebikadneza te konprann rèv la?

1. Poukisa astwològ yo pat kapab bay sinifikasyon rèv Nebikadneza ? (Danèl 2:4-7).

2. Kisa k ta kapab pase Danyèl si l pat bay sinifikasyon rèv la? (vv. 12-13).

3. Kòman Danyèl te fè konnen sinifikasyon an? (vv. 17-19).

4. 4. Fè yon ti deskripsyon tou kout de rèv la ak sinifikasyon li (vv. 29-45).

5. Kòman Danyèl te esplike entèlijans li pou l te bay sa rèv la vle di? (vv. 27-28, 45).

6. Kisa Nebikadneza te aprann de Bondye?

Ramiro konnen ke Eduardo ap fè dezòd lakay li ak nan lekòl la. Samdi pase li lakòz yon diskisyon pete nan sant komèsyal la. Ramiro ap eseye wè si li dwe pase tout tan sa a yo ak Eduardo.

Èske Bib la kapab ba li kèk konsèy?

Itilize konkòdans sa a pou w ka jwenn ki kote chak vèsè ye. Apresa a, chèche vèsè yo nan Bib ou a epi repase pou wè si yo kòrèk. Fè kèk koreksyon si w jwenn kèk ti erè.

Ki kote w jwenn SAJÈS?

SAJÈS

Jen. 3:6	lanbisyon pou jwenn s
1 W. 4:29	Bondye te bay Salomon s ak pridans
2 Kwo. 1:10	Ban mwen s ak syans kounye a
Sòm. 51:6	Sekrè w fè m konprann s.
111:10	Krentif Bondye se kòmansman s
Pw. 2:6	paske Seyè a bay s
3:13	Benediksyon pou yon nonm ki jwenn s
4:7	s avan tout bagay, ranmase tout s
8:11	paske s pi bon pase
11:2	Men s chita nan moun ki pa leve tèt yo s.
13:10	Men s rete ak moun ki avize yo s.
23:23	S la, ansèyman ak entelijans.
29:3	Gason ki renmen s fè kè paran l kontan
29:15	Baton ak koreksyon nan s
31:26	Li ouvri bouch li ak s…
Eza. 11:2	Lespri s ak entelijans
28:29	epi ogmante s la.
Jer. 10:12	epi syèl yo etann ak s.
Mt. 11:19	Men s la jistifye pa pitit li yo.
Lik. 2:52	Jezi te grandi nan s epi nan wotè
Trav. 6:3	ranpli ak Sentespri epi s
Wom. 11:33	Pwofondè richès yo, s
1 Kor. 1:17	pa ak s pawòl…
1:30	sa k te fè nou pou Bondye s
12:8	Sentespri a ki te bay li, pawòl s
Ef. 1:17	ban nou lespri s ak revelasyon
Kol. 2:3	kache tout trezò s yo
2:23	kèk repitasyon de s
Jak. 1:5	si w gen mank de s, mande Bondye li
Ap. 5:12	Pouvwa, richès, s

SAJ

1 W. 3:12	mwen ba w yon kè ki s, epi
Jòb 5:13	Pran s yo nan pyèj yo
Sòm. 19:7	Fè s nan moun senp.
Pw. 3:7	Piga ou s nan pwòp tèt pa w
9:8	korije s, epi li va renmen w.
10:1	pitit ki s ap fè kè papa l kontan
11:30	moun ki fè nan repanti se yon s.
13:1	pitit ki s resevwa konsèy papa l
13:20	moun ki mache ak moun ki saj, li va s
16:23	kè moun saj la fè l pridan ak bouch li
17:28	moun ki sòt la lè l fèmen bouch li s yo
Ek. 9:17	yo koute pawòl s nan
Jer. 9:23	S pa rejwi nan sajès li
Mt. 11:25	Ou te kache bagay sa a yo pou s
1 Ko. 1:19	mwen pral detwi sajès s yo
1:27	pou fè s yo wont
3:19	Li pran s yo nan pyèj
Ef. 5:15	se pa tankou moun sòt men se tankou s
2 Ti. 3:15	ou kapab vin s pou Sali a
Jak. 3:13	Ki moun ki s ke n konprann kote nous?

Èske kèk nan vèsè sa a yo te ka ede Ramiro?

Lè w gen krentif pou Bondye se lè sa a ou kòmanse gen bon konprann; Bondye ap bay moun ki gen krentif pou li yo bon jijman.
(   )

Mwen mande Bondye pou l ban nou Sentespri l ki bay bon konprann ki moutre nou sa Bondye ap devwale nou an pou nou ka rive konnen l byen.
(   )

Paske Seyè bay bon konprann epi se nan bouch li konesans ak entelijans rete.
(   )

Si yon moun pami nou manke bon konprann, se pou l mande Bondye, Bondye va ba li li, paske Bondye bay tout moun san mezi, pou granmesi.
(   )

Moun ki fè zanmi ak moun ki gen bon konprann y ap gen bon konprann, men moun ki mache ak moun sòt se menm ak li yo va ye.
(   )

KI KALITE SAJÈS Bondye Ban Nou?

Li lis sa a. Bife sa ou kwè ke Bondye pa pwomèt nou l ap ban nou.

1. Gid pou w ka deside sa ki bon.
2. Repons yo nan egzamen lè n pa etidye.
3. Fè w konnen nimewo yo pou n genyen nan bòlèt.
4. Gid pou w konnen kilè w dwe envite yon moun al legliz.
5. Konsèy pou konnen kòman pou fè revanj lè yon moun fè w mal.
6. Konsèy pou konnen kòman nou dwe padone lè yon moun fè nou mal.

Ki resanblans ou jwenn nan fraz ki bife yo?

Ki resanblans ou jwenn nan fraz ki rete yo?

Yon mesaj pou jèn timoun yo

Ki advètans ak jijman ou panse ke Bondye ta fè moun nan tan jodi ay?

Avèk pwòp pawòl pa w yo, ekri kèk mesaj ke Bondye genyen pou preadolesan yo jodi a. Itilize Filipyen 2 :3 ; Kolosyen 3 :2 ; Efezyen 6 :1-3 ; Tit 3 :1-2 ; ak Detewonòm 10 :12 kòm referans.

Advètans yo nan pawòl Bondye a pou tout moun li yo, men se yon ti kras ki fè li.

Kijan nou kapab pale la VERITE ak lanmou?

Repase konpòtman w!

WI	NON	
		W ap pale de jijman Bondye a (oswa de paw la)?
		Ou santi w kontan lè w w ap jije?
		Lè w fè kèk jijman, èske w fè l ak lanmou oswa pou w ede?
		Èske w kapab reponn ak lanmou kretyen menm si lòt yo pa konprann entansyon w?

Leson 48

SE POU W GEN VALÈ POU W KA KANPE FÈM

Mwen ta fè nenpòt bagay pou..._____!

PÈSEKISYON

AVAN **AK** KOUNYE A

Li Ebre 11:32-12:3 epi reponn kesyon sa a yo.

1. Ki kèk gèrye ki nan Ansyen Testaman ke yo mansyone pou lafwa yo?

2. Dapre vèsè 36-38, ki kalite pèsekisyon yo te fè fas?

3. Nan Ebre 12:1, avèk kisa ekriven an konpare lavi kretyen an?

4. Dapre 12:2, sou kisa Jezi se yon modèl pou nou?

5. Nan Ebre 12:3, Kòman Jezi bay èd li pou kretyen yo k ap fè fas ak pèsekisyon jodi a?

6. Sou ki fòm kretyen yo jwenn pèsekisyon jodi a?

7. Kòman kretyen yo kapab gen kouraj pou kanpe fèm malgre tout pèsekisyon?

> Konsa, nou nan mitan foul sa a yo ki te moutre yo gen konfyans nan Bondye, ann voye tout bagay k ap antrave kous nou jete byen lwen, ansanm ak peche a ki fasil pou vlope nou, epi ann kouri avèk pasyans nan chemen Bondye mete devan nou an *(Ebre 12:1)*.

Lección 49

INITE XI — PWOMÈS NOWÈL

BON NOUVÈL YO

BON NOUVÈL YO

Ebyen, Se Seyè a menm ki pral ban nou yon siy. Men li: jenn tifi ki pral ansent lan pral fè yon pitit gason, li va rele l Emanyèl *(Ezayi 7:14)*.

Jozèf, pitit David, pa pè pran pou madanm ou. Paske, pitit l a pote a se travay Sentespri. Li pral fè yon pitit gason, w a rele l Jezi. Se li menm ki pral delivre pèp li a anba peche l yo. Tout sa pase konsa pou pawòl Bondye te mete nan bouch pwofèt la te ka rive vre. Men sa l te di : Men li, jenn fi a pral ansent, li pral fè yon pitit gason. Y a rele l Emanyèl, ki vle di: Bondye avèk nou *(Matye 1:20b-23)*.

Pou konbyen tan pèp la te tann?

Depi mond lan te kreye Bondye te vle gen yon kominyon ak lèzòm. Lè Èv Ak Adan te dezobeyi tout bagay te chanje. Peche a te pote kòm konsekans ke lèzòm te tonbe nan nesesite yon Sovè. Yo konsidere Jenèz 3:5 kòm premye pwofesi ki te bay nesans ak plan Bondye pou l te voye yon Sovè espesyal.

Ak de peche moun yo, Bondye te voye yon delij. Se pandan, li te sove Noye ak fanmi li. Bondye te pale ak Abraram epi pwomèt li ke l ta beni tout nasyon sou latè pa mwayen li menm. Jozèf ak Mari, paran Jezi yo, se te desandan Abraram.

Bondye te toujou pran swen pèp li. Li te delivre yo anba esklavaj Lejip la. Apresa li te ba yo lalwa pou yo te konnen kijan pou yo te viv. Lalwa te moutre moun yo dezobeyisans yo, epi yo pat kapab sove pwòp tèt pa yo.

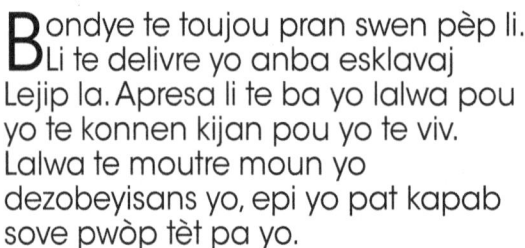

Lè pèp Bondye a te dezobeyi, li te voye pwofèt pou rale zòrèy yo. Apresa, li te voye lame lennmi ki te anvayi yo, epi konsa li te pini yo. Ansanm ak advètans yo, Bondye te fè yo pwomès pou l delivre yo. Pwofèt yo te di pèp a ke Bondye ta pral voye yon Mesi oswa Sovè.

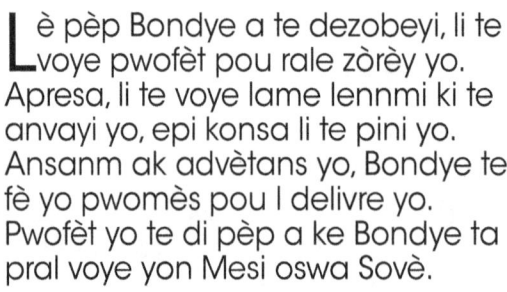

Apre pèp Bondye a fin retounen soti nan egzil, 400 zan san pwofèt. Yo te sèlman genyen pwomès Bondye te ba yo depi nan kòmansman. Kèk nan yo te bliye, epi sispann mete konfyans yo nan Bondye. Sepandan, anpil kontinye tann Mesi a kòm pwomès la.

178

Poukisa Bondye te rete tann pou tout tan a?

Lè Jezi te fèt, wayòm gran Ewòd la te gen lapè pou jenerasyon l lan. Jwif yo te sèlman okipe responsablite yo chak jou ak rit relijye yo. Taks yo te byen wo, men latè te konn bay anpil fwi. Kiltivatè yo te konn bay gwo vil yo danre ; lanmè Galile a te bay yon endistri lapèch, epi anpil gason te travay nan konstriksyon Ewòd la. Ogis Cesar te pote yon establite nan lanpi women an. Wout ki sou tè ak lanmè yo te relye gwo vil yo ansanm epi yo te an sekirite. Anperè a te te konn kontwole moun yo ak mannèv la ak yon kantite de 95.000 kilomèt chemen.

Grèk se te yon langaj komen epi women yo te tolere pratik plizyè relijyon yo. Te gen yon sistèm legal tou nèf, epi tout moun te anba obligasyon pou yo te soumèt yo. Ofisyèl yo te konn ranmase taks pou yo te kapab soutni gouvènman an. Pèsonn pa konnen poukisa Bondye te chwazi moman sa a pou voye Jezi. Pou nivo imen an li te parèt ideyal. Te gen yon lang komen, règ yo te konn blese anpil difizyon rapid nouvèl yo. Te gen yon fason kominikasyon an te òganize. Gouvènman an te estab epi toleran lidè relijye yo. Nenpòt sa k te rezon an, Bondye te deside bay moman sa a kòm yon moman de chans.

Pasyans lan te preske fini le...

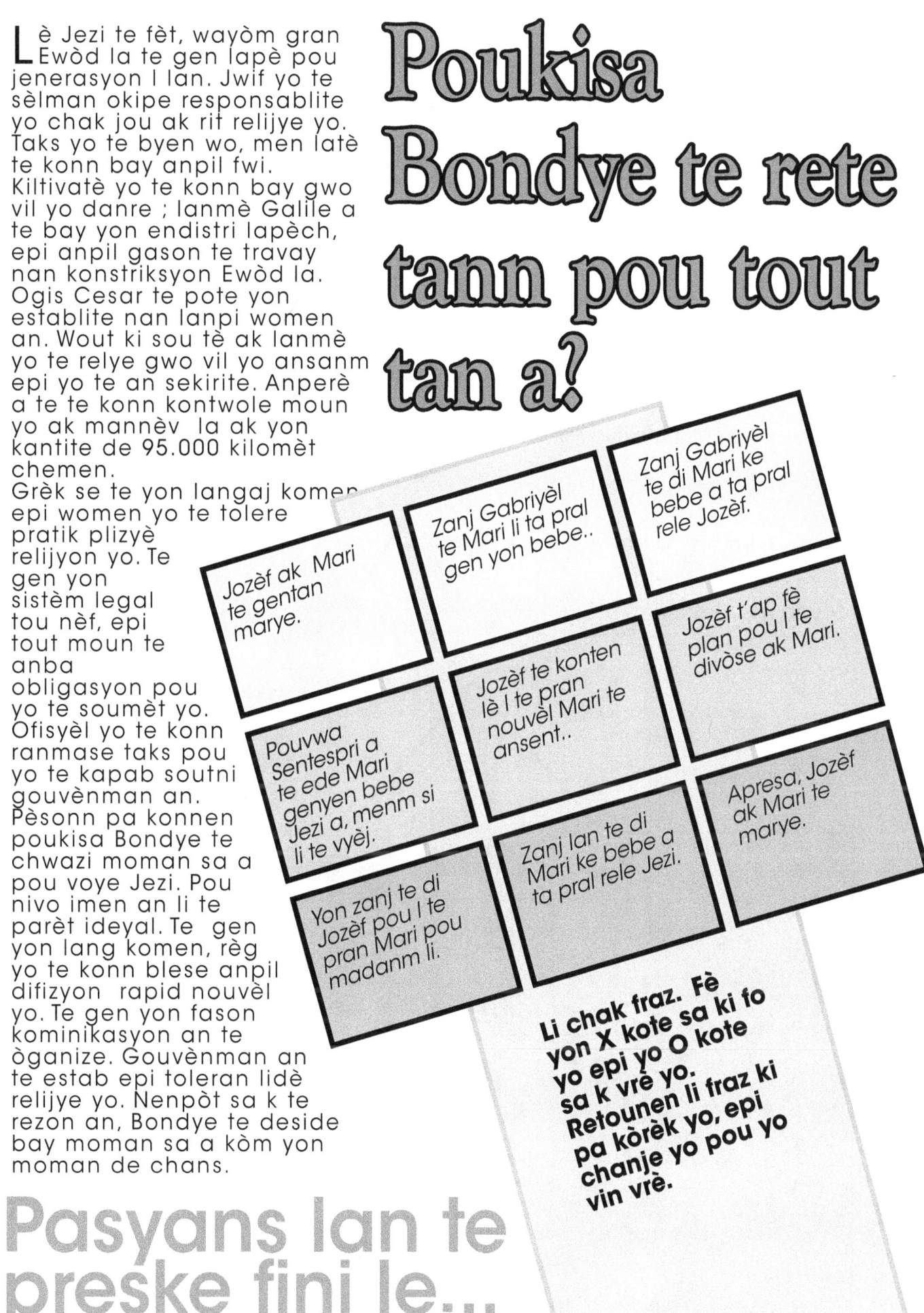

- Jozèf ak Mari te gentan marye.
- Zanj Gabriyèl te Mari li ta pral gen yon bebe..
- Zanj Gabriyèl te di Mari ke bebe a ta pral rele Jozèf.
- Pouvwa Sentespri a te ede Mari genyen bebe Jezi a, menm si li te vyèj.
- Jozèf te konten lè l te pran nouvèl Mari te ansent..
- Jozèf t'ap fè plan pou l te divòse ak Mari.
- Yon zanj te di Jozèf pou l te pran Mari pou madanm li.
- Zanj lan te di Mari ke bebe a ta pral rele Jezi.
- Apresa, Jozèf ak Mari te marye.

Li chak fraz. Fè yon X kote sa ki fo yo epi yo O kote sa k vrè yo. Retounen li fraz ki pa kòrèk yo, epi chanje yo pou yo vin vrè.

Ekri yon vè

Ekri yon fraz ki gen senk liy san rim. Swiv endikasyon sa a yo:

Línea 1: Sijè.
Línea 2: de adjektif ki dekrive sijè a.
Línea 3: twa vèb oswa aksyon sou sijè a.
Línea 4: yon kòmantè ki gen kat mo sou sijè a.
Línea 5: yon mo ki sinonim sijè a.

EGZANP

Ezayi
Fidèl, Konfyab,
Te priye, Te kwè, Te pale
Yon mesaje esperans.
Pwofèt

Mari

Jozèf

Ekri yon fraz san rim pou Mari ak yon lòt pou Jozèf.

Leson 50

LI BON POU YON MOUN RETE TANN!

Nouvèl yo nan BÈTLEYÈM

Vol. XII　No. 12

KÒMANSMAN RESANSMAN AN

OTÈL YO GENTAN PLEN

Chemen an plen ak konbyen mil vwayajè k ap retounen kote yo te fèt la pou resansman. Sa vle di ke pi plis nan popilasyon an t ap obeyi kòmandman Ogis Seza pou patisipe nan resansman.

Jodi a gwo foul moun nan tout chemen tout peyi. Anpil vwayaje pa jou. Anpil te moutre siy de fatig yo. Sa yo ki te gen zanmi ak fanmi yo nan Betleyèm, se yo ki te moutre yo pi kontan pou vwayaj la. Kamera komès yo rapòte ke vizitè yo te anvayi vil la. Tout otèl yo te plen ak moun. Abitan nan vil sa a ki te bay kèk moun fè desant lakay yo te deja ap plenyen di yo pa gen plas pou pèsonn moun ankò. Gen kèk moun ki te rete dòmi nan krèch, twou wòch oswa nan lari. Kamera komès la pral reyini nan de semèn pou deside si yo dwe konstwi plis chanm. Yo fè konnen ke gen yon fanmi ki te vini pou resansman an li te gen prenyè bebe li. Yo te rele l Jezi.

Men akoz de pwoblèm lojman, paran ti bebe a te chèche refij nan yon pak bèt epi se la a ti bebe a te fèt. Yo te oblije itilize yon krèch pou yo mete bebe a kouche. Ti bebe a ak manman li te trè byen.

Y AP TANNTAKS LA OGMANTE

Anpil sitwayen te santi yo fache pou pawòl ogmantasyon taks la. Pi plis nan moun nou te poze kesyon yo te fè nou konnen ke se yon bagay k ap difisil pou reponn ak depans ki nan fanmi yo si gouvènman taks la kontinye ogmante. Otorite yo ap fè fas ak yon dilèm : Mande plis lajan pou wout yo ak gwad militè a, oswa koute demann sitwayen yo. Otorite yo di fòk yon moun peye pou konstriksyon an epi dwe wè konstriksyon an depi yon distans de 95 000 kilomèt, epi pou solda yo k ap pwoteje lapè epi batay kont krim.

Sitwayen yo pa gen eleksyon.

Yo dwe peye taks si se pa sa, y ap arete yo.

PAK BÈT POU VANN

Magazen Silas la mete tout ti pak bèt yo alavant nan envantè li a. Anpil nan yo fabrike ak blòk an wòch epi yo lou anpil. Pwa yo asire moun ke y ap toujou rete nan plas yo pandan bèt yo ap manje.

Silas ofri pi bon pri nan zòn nan, sepandan li pa pote yo ale lakay moun.

Ti pak bèt yo ka itilize pou plizyè bagay.

Sa pa fè lontan depi y ap itilize youn ki fèt tankou bèso pou yon ti bebe.

PASYANS, TANPRI !

Li chak kat epi li yon repons, pandan w ap ankouraje preadolesan yo pou yo kapab rete tann travay Bondye a ak pasyans nan lavi yo.

Che Payans:

Mwen nan sizyèm ane epi mwen gentan dekouraje ak lekòl la. Epi mwen rete anpil ane toujou pou m etidye ! Mwen pa kwè ke mwen ka sipòte l plis. Mwen asire ke m p'ap ka al nan inivèsite. Mwen ta renmen vin pi gran pou m ka travay epi fè lajan mwen.
Èske Bondye ta renmen ke m kite lekòl la epi kòmanse travay?
Sensèman fatige,

Chè fatige:

Sensèman,
Pasyans

Chè Pasyans:

Mwen fèk kretyen epi mwen gen emosyone pou m aprann anpil bagay sou Bondye. Mwen ta renmen pou tout zanmi m yo swiv Jezi, men sa pa entèrese yo. Mwen pat kapab gide okenn nan yo vin kretyen. Mwen kwè ke mwen pa yon bon temwen Kris.
Sensèman echwe,

Chè Echwe:

Sensèman,
Pasyans

Chè Pasyans:

Mwen toujou tande y ap di ke Bondye gen plan pou lavi tout moun, men petèt li bliye pam nan. Pa gen anyen ki emosyonan ki rive m pa emosyon. Mwen priye chak jou, anyen espesyal nan lavi pa m.
Sensèman,
Se toujou menm bagay la

Chè menm bagay la:

Sensèman,
Pasyans

Leson 51

KÒMAN POU NOU BAY BÒN NOUVÈL LA

DEVINE SA KI TE PASE A!

Konplete fraz sa a yo:

Pi bèl jou nan lavi mwen se te...

Mwen vle rakonte pi bon zanmi m nan ke...

Papa m ak manman m pa janm wè mwen te konn gen emosyon tankou lè...

Kòman yo te konn bay Bon nouvèl la

ANVAN

Li Lik 2:16-18,20.
Ekri ak pwòp pawòl ou yo, di sa w kwè ke bèje yo te di moun yo de mesaj zanj yo sou Jezi ti bebe a.

Sanble ke anpil moun prese, konsa si w vle ba l yon mesaj fòk ou fè sa rapid.

Èske w kapab panse nan ki fason ou kapab bay yon moun ki prese Bon nouvèl Jezi a?

Eseye ekri mesaj la ak kèk ti pawòl byen kout.

Ekri fraz ki genyen de liy ki di laverite sou Jezi epi kè kontan paske w rekonèt li. Nan paj sa a ou pral jwenn egzanp yo.

> Jezi se sèl pitit Bondye a. Viv pou li fè kè m bat.

> Bondye te voye Jezi sou latè pou l bay lèzòm lanmou ak lavi ki pa'p janm fini an.

BON NOUVÈL YO POU MOUN KI TOUJOU PRESE KOUNYE A

Kòman m pral fè di lòt yo sa?

Leson 52

YON GRAN VWAYAJ POU AL WÈ YON WA

Kisa mira ye Mit?

Mit: Plant chè ki santi bon. Yo te konn itilize li pou fè pafen, lansan, epi pou anbome kadav anvan yo antere yo. Mit te soti nan peyi Arabi ak End. Paske se te yon gwo mak podwi, se te yon kado ki gen pou wè ak wa, se menm jan ak lò epi lansan ke savan ki te soti nan Oryan yo te pote pou ti bebe Jezi a.

MIT

Sòm 45:8	M, aloye ak kasya egzelan tout rad ou yo…
Matye 2:11	Yo te ofri anpil kado: lò, lansan ak mit.
Mak 15:23	Yo te ba l bwè diven melanje ak mit
Jan 19:39-40	Nikodèm…,te pote yon konprès ki fèt ak mit epi aloye
Rev 18:13	espès awomatik, lansan, mit, oliban

Itilize konkòdans sa a pou w reponn kesyon sa a yo:

1. Ki moun ki te pote mit bay ti bebe a Jezi?

2. Kijan yo te ofri Jezi mit la sou kwa a?

3. Kijan Nikodèm te itilize mit la apre Jezi te fin mouri?

PLIS PASE YON NONM

Itilize lèt non Jezi yo pou fè yon akwostich sou sa w konnen de Pitit Bondye a.

J
E
Z
I

Kounye a, ak lèt non pa w, fè yon akwostich pou w endike fason ou ka fè pou w aprann plis sou Jezi.

Kijan yon preadolesan kapab resevwa Jezi kòm sovè pèsonèl li?

Revizyon
Inite XI

1. Admèt ke w fè peche.

 2. Repanti w de peche w yo.

3. Deside ke w ap sispann fè peche.

 4. Mande Bondye pou l padone w.

Konstwi relasyon w ak Bondye pa mwayen lapriyè, lekti Bib la ak asistans ou nan legliz la.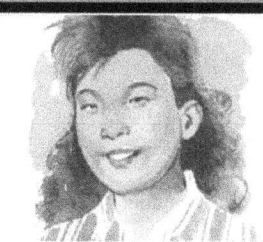

 An mezi ou pase plis tan ak Jezi, se konsa relasyon w ak li vin pi bon.

Revizyon Inite XI

- Ki moun ou pral rakonte bon nouvèl sou Jezi a?
- Ki pwofèt sa a yo nan Ansyen Testaman ki te anonse nesans Jezi?
- Site kèk nan fèt ki te fèt a tan nesans Jezi nan epòk tan anpil.
- Kòman nou kapab aplike leson sa a yo nan Inite: "Li bon pou n rete tann"?
- Site kèk nan reyaksyon moun yo lè yo rekonèt Jezi.
- Kisa leson sa a yo anseye sou konfyans nan Bondye?

Mete pwent kreyon an nan yon konpa ki pou kenbe papye yo. Fè konpa vire, epi reponn kesyon kote konpa kanpe a. kontinye jouk ou fin reponn tout kesyon yo.

www.ingramcontent.com/pod-product-compliance
Lightning Source LLC
Chambersburg PA
CBHW081947070426
42453CB00013BA/2280